"十三五"中小学教师培训教材

教师教学基本能力解读与训练

通用技术、劳动技术

丛书主编: 李 军

丛书副主编: 文必勇 白雪峰 何书利 胡秋萍 刘继玲

本书主编: 王立春

编 著 者:（以编者编写的模块先后为序）

王立春 姚 进 杨秋静 张 敏 罗培龙

林彦杰 何 斌 毛红梅 李 雯 沈 霞

梁 媛 杨 磊 卜雪梅 刘春祥 袁翌鸥

张 戈 李 跃 郭宏春 王效莲 刘晓岩

周宏跃 张 奇

北京理工大学出版社
BEIJING INSTITUTE OF TECHNOLOGY PRESS

内 容 简 介

作为一名学科教师，其专业能力是区别于其他职业的主要特征，也是不同水平教师教学能力的核心表征。

本教材是按照"朝阳区教师教学能力提升"项目的要求，在已经完成 10 个能力要点的基础上，再次选定《朝阳区中小学教师教学基本能力检核标准》中的 10 个能力要点进行阐述的。主要对象为教龄 3~10 年的青年教师，旨在规范教学行为，提升教学的基本能力。

本教材采取"参悟互动、任务驱动"的学习方式，在交流和分享中相互切磋、共同提高，在研讨和体验中，反思行为、总结提炼，以共同提升教师的教学能力。

图书在版编目（CIP）数据

教师教学基本能力解读与训练. 通用技术、劳动技术 / 王立春主编 . —北京：北京理工大学出版社，2017.6
ISBN 978-7-5682-4133-5

Ⅰ.①教… Ⅱ.①王… Ⅲ.①劳动课 – 教学法 – 中学教师 – 师资培训 – 教材 Ⅳ.① G633

中国版本图书馆 CIP 数据核字（2017）第 128419 号

出版发行 /	北京理工大学出版社有限责任公司	
社　　址 /	北京市海淀区中关村南大街 5 号	
邮　　编 /	100081	
电　　话 /	（010）68914775（总编室）	
	（010）82562903（教材售后服务热线）	
	（010）68948351（其他图书服务热线）	
网　　址 /	http：//www.bitpress.com.cn	
经　　销 /	全国各地新华书店	
印　　刷 /	定州市新华印刷有限公司	
开　　本 /	787 毫米 ×1092 毫米　1/16	
印　　张 /	12	责任编辑 / 李慧智
字　　数 /	229 千字	文案编辑 / 李慧智
版　　次 /	2017 年 6 月第 1 版　2017 年 6 月第 1 次印刷	责任校对 / 周瑞红
定　　价 /	29.00 元	责任印制 / 边心超

图书出现印装质量问题，请拨打售后服务热线，本社负责调换

前 言

教育大计，教师为本。习近平总书记指出：一个人遇到好老师是人生的幸运，一个学校拥有好老师是学校的光荣，一个民族源源不断涌现出一批又一批好老师则是民族的希望。可以说，有好的老师，就会有好的教育。

好老师不仅需要拥有强烈的教育情怀与高超的育人智慧，而且必定具有超强的教学能力。因为，教学能力是落实育人目标和决定教学质量的重要因素。北京市朝阳区教委始终高度重视全区教师教学能力的持续提升，早在 2009 年就出台了《朝阳区教育系统教师教学能力提升工程的意见》，旨在以教师的教学能力为抓手，促进教师队伍的专业发展，全面提高我区的教学质量和教育品质。

作为教师专业发展基地——北京教育学院朝阳分院一直致力于教师教学能力的全面发展。特别是在"十二五"期间，针对朝阳区教师教学能力现状，结合教师专业发展阶段的规律和特点，基于《北京市朝阳区教师教学基本能力检核标准》（以下简称《标准》）和《标准》解读，北京教育学院朝阳分院遴选了最为重要的 10 个能力要点，研发了中（职高）小学和一整套训练内容和方法，开发了《教师教学基本能力解读与训练》（共 23 个学科分册）学科教师培训教材。依据智慧技能的形成特点，通过"测、讲、摩、练、评"五个环节开展了基于实践、问题的教师培训，培训教师近 2 万人次。

在培训实施过程中，针对各学科教龄 10 年以下的青年教师和 10 年以上的成熟教师，遴选其中 4 ~ 6 个能力要点，分层开展学科教师培训，在培训目标、培训内容、培训形式以及考核要求等方面都做了针对性的细化处理。在《标准》解读、案例研讨、在线交流和考核测试的基础上，开展了基于能力要点的课堂教学实践与改进。不同类型的培训实践不仅检验了基于教师教学能力标准的培训课程的培训效果，同时也促进了教师教学能力的精进与提升。

基于《标准》的教师培训，突出了"培训课程标准化"的培训资源建设观。通过率先在全国研制、实践并推广系列《标准》，满足并引领了培训课程建设的品质需求，改进和完善了教师发展支持体系，推进了培训工作制度化、规范化，基本破解了分层、分类、分岗开展培训的难题，增强了教师参训的针对性、实效性和获得感，切实提升了教师培训的专业性，受到了区内外使用该培训教材教师的一致好评。

为了进一步发挥《标准》的指导作用，推进教师教学能力的持续提升，基于原有教材的开发和实施经验，每个学科结合现阶段本学科特点和教师专业发展需求，另外遴选了8～10个能力要点，开发了"十三五"中小学教师培训教材《教师教学基本能力解读与训练》（共24个学科分册）。在教材编写过程中，我们努力将《标准》揭示的一般规律、共性问题迁移融通于各学科，且通过案例凸显各学科教学能力的基本特征，还将关键的结果指标与各学科教学实践中的实际问题进行对接，以期深化教师对《标准》的理解，明确教学实践改进的方向和路径，提升自身的实践智慧。

当前，我国基础教育正处在深化综合改革的关键时期，各学科核心素养的提出，进一步明确了学科的育人价值，为学科育人提供了指南。为此，在教材开发过程中，各位编委对本学科的学科核心素养也给予了充分关注，在《标准》的解读中、案例的分析中、训练的任务中，对此都有不同程度的涉及与体现，为实现学科育人理念、发展学生的学科素养探索了具体的路径。

每一册教材的编写团队中都聚集了一批一线的骨干教师，他们边学习《标准》，边践行《标准》，并结合学科教学实践进行反思形成了鲜活的案例。可以说，他们是《标准》的首批实践者，也是培训资源的开发者，正是由于他们的深度参与，才使这套教材真正落实了"基于实践""基于问题"的价值追求，大大提高了教材的实践价值。

在教材开发的过程中，北京教育学院李晶教授等专家给予了我们一如既往的悉心指导。来自高校、教学一线的教授、特级教师作为学科专家指导团队，以他们的智慧为本套教材把关增色。借此机会，我们在此对他们付出的智慧和心力表示衷心的感谢。

由于"教师专业标准"还是一个尚待完善改进的领域，同时我们自身的水平和经验也有限，尤其是践行《标准》的有效实践还需要进一步加强，教材中必然存在着不甚妥当或值得深入探讨之处，诚挚期望得到专家和同行们的指正。

我们期待本套教材能在广大中小学教师教学能力的提升中发挥重要的作用，并在应用中不断完善。我们更期待，广大教师立足课堂教学实践，不断深度学习反思，持续提升教学能力，做学生锤炼品格、学习知识、创新思维和奉献祖国的引路人。

丛书编委：白雪峰

致学习者

学习，是人一生发展过程中的一个重要组成部分。随着个体踏出校门、进入职场学习并未停止，而是开启了一个崭新的学习征程。可以说，通过工作生活进行学习，寓工作于学习、寓学习于工作是成年人每天思想和行动的必然产物。

成人学习是基于个体经验和汇集个人经验的学习，需要学习者主动参与到课程内容中；教师的学习是懂教育的人的学习，需要学习者驾驭学习方法，达到比较高的学习境界。

依据智慧技能的形成过程，我们将学科教师培训分成"测、讲、摩、练、评"五个环节，通过完成智慧技能原型定向阶段与原型操作阶段的任务，强化各学科教师基于课堂教学研究的实践与反思，促进教师从原型定向阶段向原型内化阶段迈进。下面，我们就从上述五个环节分别为您的学习提出相应建议，以帮助您快速驾驭学习内容。

● **测——前测**。在每个专题培训的第一步，我们将和您一起找到您在该教学能力存在的问题，判断该能力所处的状态，以开始学习。这其中，有对一些教学事件的认同，有对问题的分析和判断，也有一些测试，目的就是一个：帮您找准自己学习的起点。

● **讲——讲解**。我们将基于具体的教学案例，围绕该项能力的一些表现行为进行理性分析，阐述行为产生的原因和导致的结果，阐释所表征的能力取向和能力发展层次。这些分析将使您对该项能力的含义获得更为深入的理解，对形成能力的合理行为有较高的期待。如果您实践跟进得快，边学习边实践，在这一阶段就能够获得提高。

● **摩——观摩**。在学习中会提供一些案例进行观摩，有些拿来就可以使用，但一定不要满足于拿来就用，更多的内容需要您边观摩边分析，在其背后寻找为什么，这样您获得的将不仅是一招一式，而是新的专业发展点和教育实践智慧的增长点。

● **练——训练**。方法技能的掌握和提升一定要通过训练才能实现。一方面，我们将在培训中安排模拟微型课堂进行教学技能的分解训练；另一方面，我们也有实践模拟训练。然而，训练时间是有限的，期望您从培训第一天开始，就将自己一线的课堂作为实训基地，不断尝试，不断分析尝试后的效果，不断提出改进方案，并开展新的尝试。同时，同伴老师可以帮助您进行观察和改进。

●评——评价。包括自评、互评等。训练是否有效需要进行针对性评价,发现自己的进步,明确现存的问题,清晰新的学习起点,这样才能开始新的一轮学习、反思和改进活动。当然,您会在这样的反复中获得自我提升的方法。您将学会主动的发现问题,通过自主学习过程解决问题。这一系列解决问题能力的提升才是培训的最终目的。

本教材提供的观摩案例,给您留下了很多思考的空间,也提供了很多训练方法的指导、训练内容的点拨,愿它伴随您这一段时间的学习,成为您的良师益友。

亲爱的教师朋友们,我们正处在一个学习的时代,一个"互联网+"的时代。我们的职业又是一个特别需要终身学习的职业。让我们勇于面对新的挑战,不断基于实践提出新的学习任务,在战胜挑战后,我们还迎接更新一轮的挑战,而唯有学习才是应对各种挑战的制胜法宝。

这就是教师的职业。

CONTENTS

走进我们的培训

◎学习目标

●知道《朝阳区教师教学基本能力检核标准》（以下简称《检核标准》）培训的计划和要求。

●知道本学科选定的 10 个基本能力要点。

●了解 10 个基本能力要点的结果指标。

"朝阳区教师教学能力提升"项目简介

▶▶ 活动一

1. 培训项目背景

● 阅读"2009—2011 年朝阳区教师教学能力提升工程区级培训实施方案"（见《朝阳区教师教学基本能力检核标准解读》附件 A– 二 ）。

● 阅读《北京市朝阳区教师教学基本能力检核标准》（见《朝阳区教师教学基本能力检核标准》的第一部分 ）

2. 阅读本学科本次培训选定的 10 个能力要点

1. 合理安排教学流程	6. 准确把握内容走向
2. 有效设计教学活动	7. 关注个体分层指导
3. 灵活选择教学策略	8. 掌握学业评价标准
4. 有效组织教学方式	9. 科学选择评价方法
5. 强化学生积极表现	10. 掌握教学评价标准

3. 学习任务与考核

（1）学习任务

●完成一份教学设计（针对本次培训的 10 个能力要点之一 ）。

●完成一份说课稿。

● 实施一次说课活动。

● 实施针对某个基本能力要点的一个教学片段。

● 实施教学片段后的反思。

（2）考核

● 完成学习任务。

● 参加全部培训，积极参与讨论与活动。

● 参加技能考核。

▶▶ **活动二　建立学习小组**

第一步：确定分组方式

● 提出多种分组方式，经大家协商后，最终确定一种分组方式。

● 大家提出的分组方式分别是：_____

_____

● 本次分组采用的方式是：_____采取这种分组方式的理由是

_____

第二步：建立学习小组

首先将小组成员的信息填在表 0-1 中。

表 0-1

本小组成员记录表			
序号	姓名	单位	其他
1			
2			
3			
4			
5			
6			
7			
8			

我们推荐的小组长是：_____

我们的组名是：_____

第三步：准备自我介绍

● 列出自己的交流要点

您将有机会在小组中介绍自己，并有可能与班上其他小组的学员进行交流。请在下面的横线上列出您要和大家交流的要点，例如：您所任教的年级、正在教授的教材内容、教学中的主要问题等。

_____

_____

●本次培训后我的期望

_____

第四步：组长组织小组成员进行自我介绍

第五步：以组为单位进行全班交流

●组长负责推荐出 2 名组员，在全班进行自我介绍。

●组长把本组成员的共同期望在全班交流。

●组长代表本组成员向大家汇报在教学实践中发现的主要问题。可以针对本次 10 个能力要点中的某个要点来阐述。

▶▶ **活动三　征集伙伴的信息**

在此项活动中，您将征集同班学员的签名及其基本信息。让尽可能多的人将自己的名字及其基本信息写在下一页表格中的适当位置，您还可以通过这个活动了解到各位学友的专业特长，以便在将来的培训中互助互学。您还可以在教室里巡回，寻找符合各项特定标准的学员。

请您加以考虑：除主讲教师外，还有谁能帮助您（如：教同一年级的教师等）？

_____

征集签名及其基本信息

说明：您将有 10 分钟的时间在教室里巡回，请您尽可能多地征集符合表 0-2 里所列条件的学友签名。

表 0-2

学友姓名	任教年级	教龄	教过的专业					其他特长		备注
			木工	电子	……	……	……	……		

续表

学友姓名	任教年级	教龄	教过的专业						其他特长	备注
			木工	电子	……	……	……	……		

▶▶ **活动四　准备工作**

第一步　登录学习网站和邮箱

●登录学习网站，浏览通知通告、学习资料、学习要求，知道作业提交方法等。

●记住本次学习使用的公共邮箱。

●班长组织大家建立微信（飞信、QQ）群。

第二步　创建自己的作业文件夹

说明：本次学习您需要完成一个教学内容的教学设计（该教学设计应当突出体现 10 个教学能力点之一），并完成相关的学习任务，因此请建立一个文件夹，以便把您在本次学习中的资料进行集中管理。

单元文件夹标记：学员编号及姓名。

文件内容中要包括：

●教学设计（可参照模板）。

●说课稿 Word 文档。

●说课稿 PPT 文档。

●教学案例及资料、课后反思。

●教学片段或微课（视频）。

●培训日志。

另外，建议您再创建一个文件夹，用于整理学习中收集的其他可以借鉴的资料。

第三步　初步策划您的课题

●您准备选择教材中的哪一章哪一节作为您教学设计的课题＿＿＿＿＿＿＿＿＿

●选择的原因是＿＿＿＿＿＿＿＿＿＿＿＿＿＿＿＿＿＿＿＿＿＿＿＿＿＿＿＿＿

＿＿＿＿＿＿＿＿＿＿＿＿＿＿＿＿＿＿＿＿＿＿＿＿＿＿＿＿＿＿＿＿＿＿＿＿＿

（请考虑在小组中，本课题还有别人选择吗？建议：同一课题，选择的人数不超过 2 人，研究同课异构者除外）

●通过本课题，您准备重点突破本次培训 10 个能力要点中的哪个技能点？本课题是否适合您选择的那个能力点？_____

_____

_____

●计划实施教学片段的日期是：_____

●为完成本课题，您需要主讲教师或小组成员提供哪些帮助？_____

_____

●请在小组或班级中征求学友对本课题的建议：_____

_____

_____

_____

▶▶ **活动五**
- - - - - - - - - -

填写培训日志：通过今天的学习，您有什么收获和想法，请填写在表 0-3 的培训日志中。

表 0-3　培训日志

课　次		学习内容	
主讲教师		上课地点	
本次课您最关注的问题：			
本次课您的感受是：			

模块1 合理安排教学流程

学习目标

● 理解《检核标准》中关于合理安排教学流程的 3 个层次的含义。

● 能根据知识的内在联系和学生的认知规律设计合理的教学流程，教学过程各环节的时间安排预设合理。

● 能够把握教学内容，设计具有生成性和开放性的教学流程。

一、问题提出

活动一　热身

农夫需要把狼、羊、菜押运到河对岸去，只有农夫能够划船，而且船比较小，除农夫之外每次只能运一种东西。还有一个棘手问题是如果没有农夫看着，羊会偷吃菜，狼会吃羊。请考虑一种方法，让农夫能够安全、合理地安排它们和他自己过河。

①请您帮农夫设计一下运送方式：_____

_____

②汇集小组中设计的运送方式，在几种可行的过河方案中看哪种是步骤最少的？

_____

_____

③您在这个设计流程中考虑了哪些因素？_____

_____

_____

_____

活动二　前测

设计并写出高中通用技术《技术与设计1》第五章第一节《方案的构思方法》或者初

中劳动技术《木工设计与制作》中《直线锯割》的教学流程。

_____

_____

_____

_____

_____

_____

_____

_____

分小组讨论并写出：

①交流一下本组之间设计的流程：_____

_____

_____

②设计教学流程中需要考虑哪些问题？_____

_____

_____

③一个理想的教学流程应在哪些方面做得比较突出？_____

_____

_____

④举出一个待改进的教学流程例子，并提出改进方案：_____

_____

_____

　　教学设计是一个系统工程，在确定了教学内容、明确了教学目的后，就需要安排教学流程。教学流程是课堂教学从起点到终点的过程，是教学的各种意义要素、意义段落在一堂课的时间内有序排列的过程。教学流程的各个环节分别构成一定意义，都是为完成一定教学目标而服务。合理的教学流程是有效达成教学目标的重要条件。

二、标准解读（见表1-1）

表1-1 《检核标准》中关于"合理安排教学流程"能力要点的检核标准

能力要点	合 格	良 好	优 秀
合理安排教学流程	能够安排符合知识逻辑性的教学流程，教学重点突出，对时间安排有预设	能够安排兼顾知识逻辑性和学生认知逻辑的教学流程，对时间安排的预设合理	能够安排具有开放性和生成空间的教学流程

三、名词解释

1. 教学流程

教学流程是按一定的方法和规律而设计的教学方案，是一个完整的课堂教学安排。

2. 开放式教学

开放式教学从广义上理解可以看成是大课堂学习，即学习不仅是在课堂上，也可以通过网上学习等其他途径来进行。开放式教学在狭义上可以说是学校课堂教学，就课堂教学题材而言，它不仅可以来自教材，也可以来自生活，来自学生自身；就课堂教学方法而言，即在教学过程中通过对教材的个性化处理，使教学方法体现出灵活多样的特点，并且在教学方法中运用"探索式""研究式"的方法，引导学生主动探索、研究，获取知识；就课堂例题或练习题而言，开放式教学要体现在答案的开放性、条件的开放性、综合开放试题等开放性的问题上；就课堂师生关系而言，它要求教师既作为指导者，更作为参与者；它既重视教师对学生的指导，也重视教师从学生的学习中吸取营养。总之，开放式教学能给每个学生提供更多的参与机会和成功机会，让每个学生在参与中得到收获和成长。这里的开放性指的是狭义的开放式课堂。

3. 生成性教学

生成性教学是生成性思维视角下的教学形态。生成性思维是一种认为事物及其本质是在其发展过程中生成的，而不是在发展之前就存在的思维模式。生成性教学则是指教师根据课堂中与学生的互动状态及时地调整教学思路和教学行为的教学形态。生成性教学的基本理念可以概括为：关注表现性目标，关注具体的教学过程，关注教学事件，关注互动性的教学方法，关注教学过程的附加价值。

▶▶▶ 活动三 讨论与交流

下面是高中通用技术中《设计的一般原则》一节课堂的教学流程安排。

1. 三个原则的分析讲解

（1）创新原则（5分钟）

师：欣赏图片（常见的生活用品如钟表、电话、水壶），要设计出一个好的产品就要遵循一定的原则。如图 1-1 所示。

（教师分析讲解创新的含义及其性质，展示图片：洗衣机的变迁）

师：举例说明生活中的某一个产品在哪些方面有创新。

（学生讨论）

（2）实用原则（5 分钟）

师：实用性是产品应具有的基本功能。从产品的实用性出发进行设计时，需要考虑哪些因素？产品是否功能越多越好？

图 1-1　水壶

（学生讨论）

师：从实用性出发讨论 1985 年格雷夫斯设计的水壶。

（3）经济原则（5 分钟）

师：一个产品是否越便宜越好？你认为经济原则的含义是什么？

（学生讨论）

师：经济原则是指以最低的费用取得最佳的效果。

2. 让学生根据以上的设计原则改进本组设计的小板凳（30 分钟）

讨论：

①该教学流程中，针对符合知识逻辑与学生认知逻辑方面，谈谈您的看法。

_____

_____

_____

_____

②该教学流程中在教学重点突出方面做得如何？发表您的看法。

_____

_____

_____

_____

③您在课堂的开放性和知识的生成性方面做得怎么样？

_____

_____

_____

_____

④参照检核标准，您认为这个设计属于哪个层次。合格□　　良好□　　优秀□

《案例分析

案例1

通用技术

以高中通用技术苏教版必修教材《技术与设计2》第一单元《结构与设计》的第二节《稳固结构的探析》的第一课时为例。

●展示图片：生活中倒塌的物体，引出结构稳定性的概念

1.合格

（1）示例

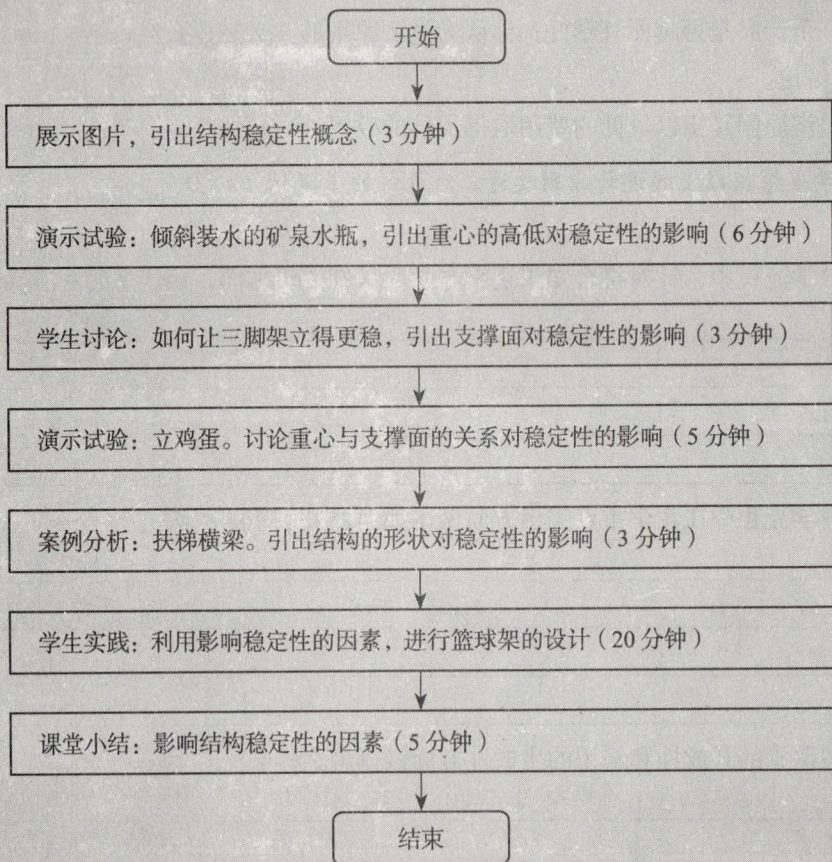

（2）评析

案例中的流程安排符合知识的逻辑，首先讲了稳定性的概念，然后分析影响稳定性

的几个因素，最后将稳定性的知识应用于对篮球架的分析与设计。对影响稳定性的因素这一重点内容通过试验、讨论、讲解等多种形式突破。课堂的流程结构清晰，时间安排有预设。

2. 良好

（1）示例

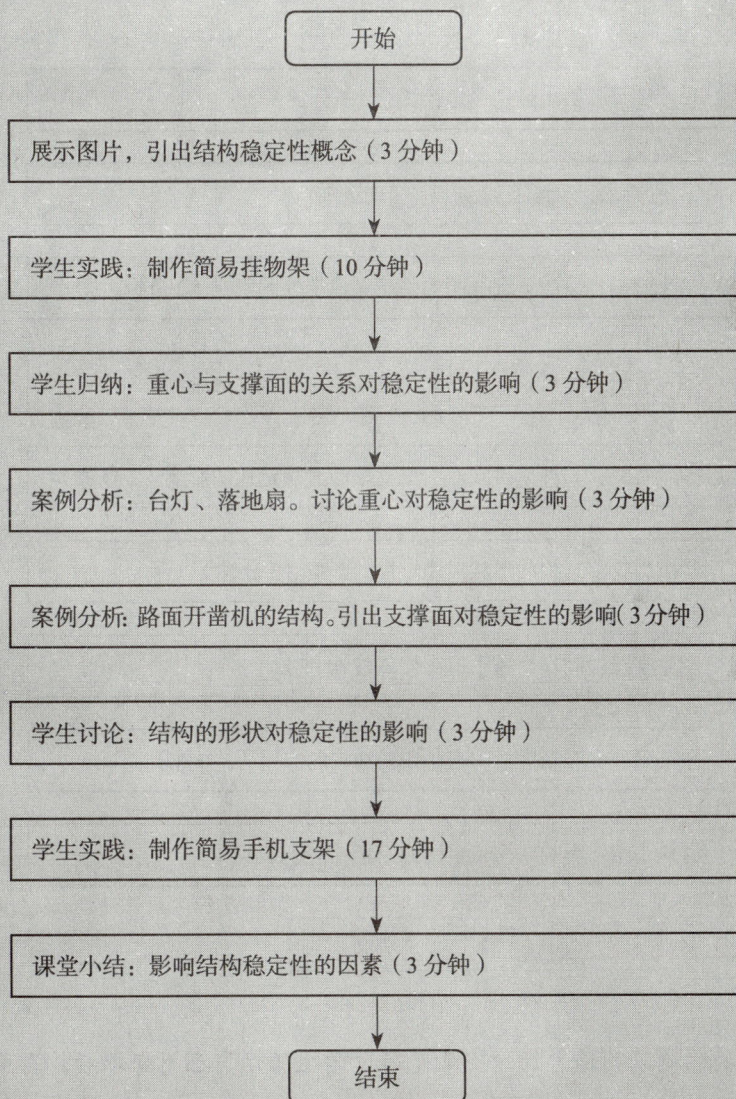

```
                    开始

      展示图片，引出结构稳定性概念（3分钟）

      学生实践：制作简易挂物架（10分钟）

      学生归纳：重心与支撑面的关系对稳定性的影响（3分钟）

      案例分析：台灯、落地扇。讨论重心对稳定性的影响（3分钟）

      案例分析：路面开凿机的结构。引出支撑面对稳定性的影响（3分钟）

      学生讨论：结构的形状对稳定性的影响（3分钟）

      学生实践：制作简易手机支架（17分钟）

      课堂小结：影响结构稳定性的因素（3分钟）

                    结束
```

（2）评析

本案例从一项实践活动入手，让学生能够通过对稳定性的思考引出影响稳定性的因素，使学生的理解从感性上升到理性，符合学生的认知特点。在分析完影响稳定性的因素后，又安排了一项学生实践活动，使学生经历了从实践到理论再到实践的过程，符合学习知识的逻辑。实践活动需要的时间也比较合理,活动充分。几个环节的安排重点突出,紧紧围绕影响结构稳定性的因素展开。

3.优秀

（1）示例

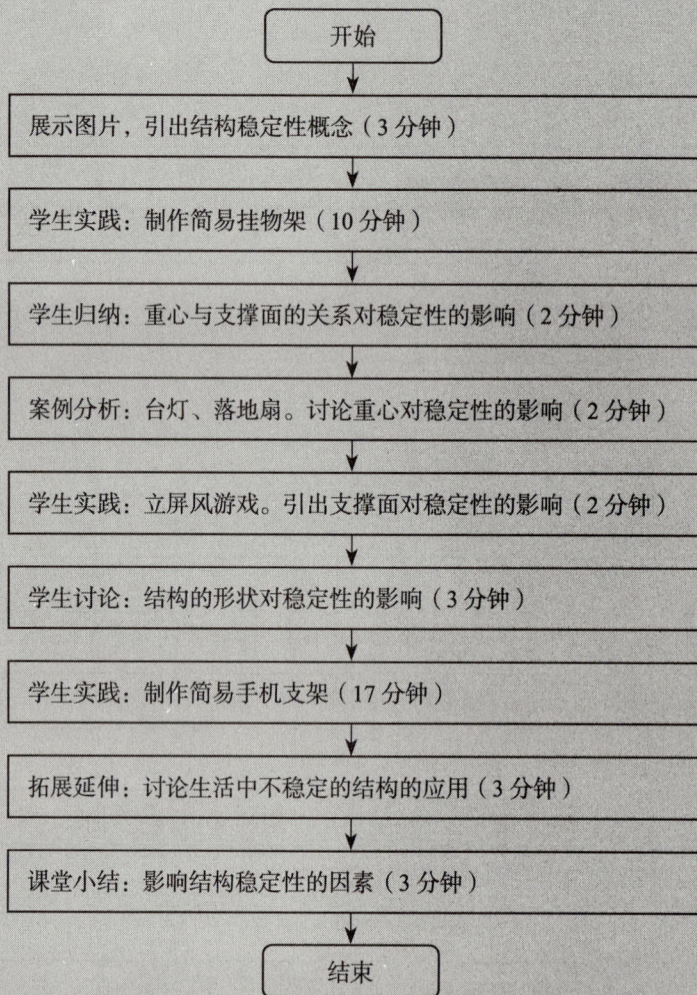

开始

展示图片,引出结构稳定性概念（3分钟）

学生实践:制作简易挂物架（10分钟）

学生归纳:重心与支撑面的关系对稳定性的影响（2分钟）

案例分析:台灯、落地扇。讨论重心对稳定性的影响（2分钟）

学生实践:立屏风游戏。引出支撑面对稳定性的影响（2分钟）

学生讨论:结构的形状对稳定性的影响（3分钟）

学生实践:制作简易手机支架（17分钟）

拓展延伸:讨论生活中不稳定的结构的应用（3分钟）

课堂小结:影响结构稳定性的因素（3分钟）

结束

（2）评析

本案例中的影响结构稳定性的因素是通过学生活动自己感悟以后,再由师生一起归纳得出,而不是教师直接给出,注重了课堂上知识的生成性。同时,教师不拘泥于本节课的内容,最后还通过讨论不稳定的结构的应用,来引发学生更多的思考,给学生一个开放的思考空间。教学流程通过具体的活动增加了学生的参与度,突出了教学重点。时间上根据活动的难易程度也进行了恰当的安排。

案例2

劳动技术

以北京版义务教育教科书《劳动技术——木工设计与制作》中的操作技能体验内容——"木艺挂饰的设计与制作"为例。"木艺挂饰的设计与制作"主要内容包括作品的设计、制作，对加工工艺的评价及对作品的欣赏，突出了"曲线锯割""曲线打磨"的基本操作方法及要领，本课教学内容是在学生已经初步掌握了常用木工工具的用途和使用方法，学会了钻孔、直线锯割、直线打磨的基础上，利用"木艺挂饰"这一载体，学习作品设计、画线排料、曲线锯割、曲线打磨、装饰上色这些技能。本节是这一案例的第三课时内容，主要学习打磨方法，特别是对曲线的打磨，既是对前面打磨知识的重要补充和延伸，也是制作复杂木制作品的基础。

下面对本节课"木艺挂饰的打磨"教学流程进行分析：

1. 合格

（1）示例

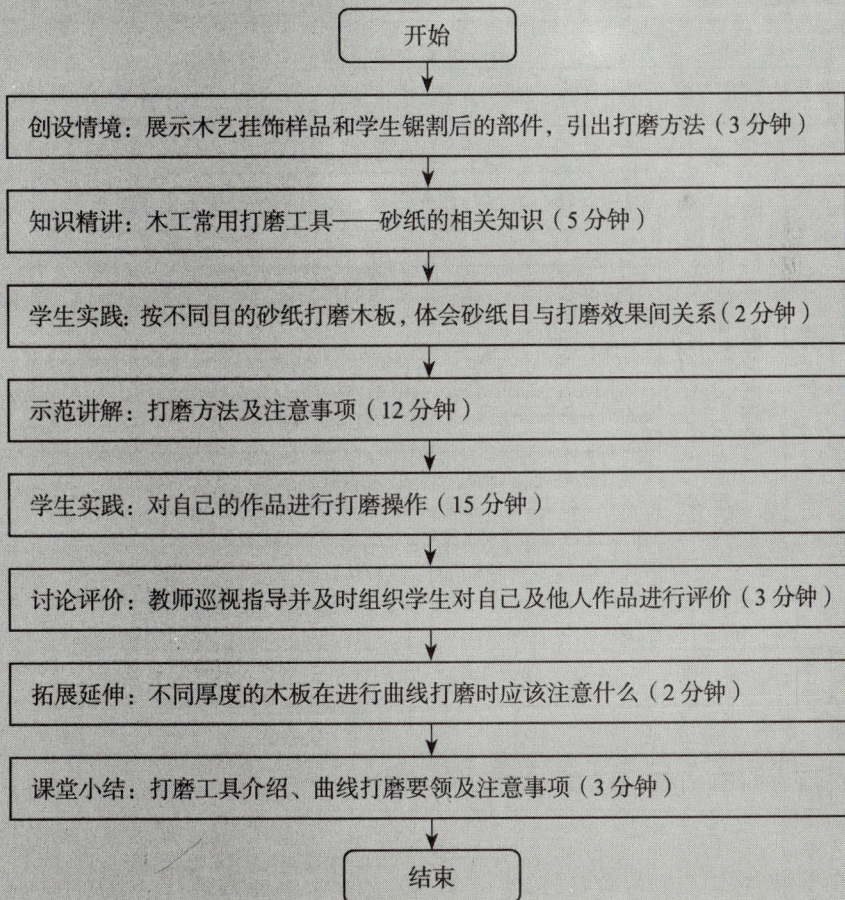

开始

创设情境：展示木艺挂饰样品和学生锯割后的部件，引出打磨方法（3分钟）

知识精讲：木工常用打磨工具——砂纸的相关知识（5分钟）

学生实践：按不同目的砂纸打磨木板，体会砂纸目与打磨效果间关系（2分钟）

示范讲解：打磨方法及注意事项（12分钟）

学生实践：对自己的作品进行打磨操作（15分钟）

讨论评价：教师巡视指导并及时组织学生对自己及他人作品进行评价（3分钟）

拓展延伸：不同厚度的木板在进行曲线打磨时应该注意什么（2分钟）

课堂小结：打磨工具介绍、曲线打磨要领及注意事项（3分钟）

结束

（2）评析

本流程中教师从打磨工具到打磨方法再到打磨实践，能安排符合知识逻辑性的教学流程，对这些知识的内在联系有清晰的理解和认识，能从教学内容出发设计本节课，无论从时间安排和内容精讲上都突出了本节课的教学重点——曲线打磨方法，从整体教学流程看是紧贴知识的脉络设计的，对学生的指导用时也很充分，但这个教学设计还应更多地考虑学生的认知水平和接受程度，思考如何将学生能动的积极性调动起来，放开手脚，使学生在实践中遇到问题，设法去解决问题并在寻找解决问题的方法中去领悟学习知识的乐趣。

2.良好

（1）示例

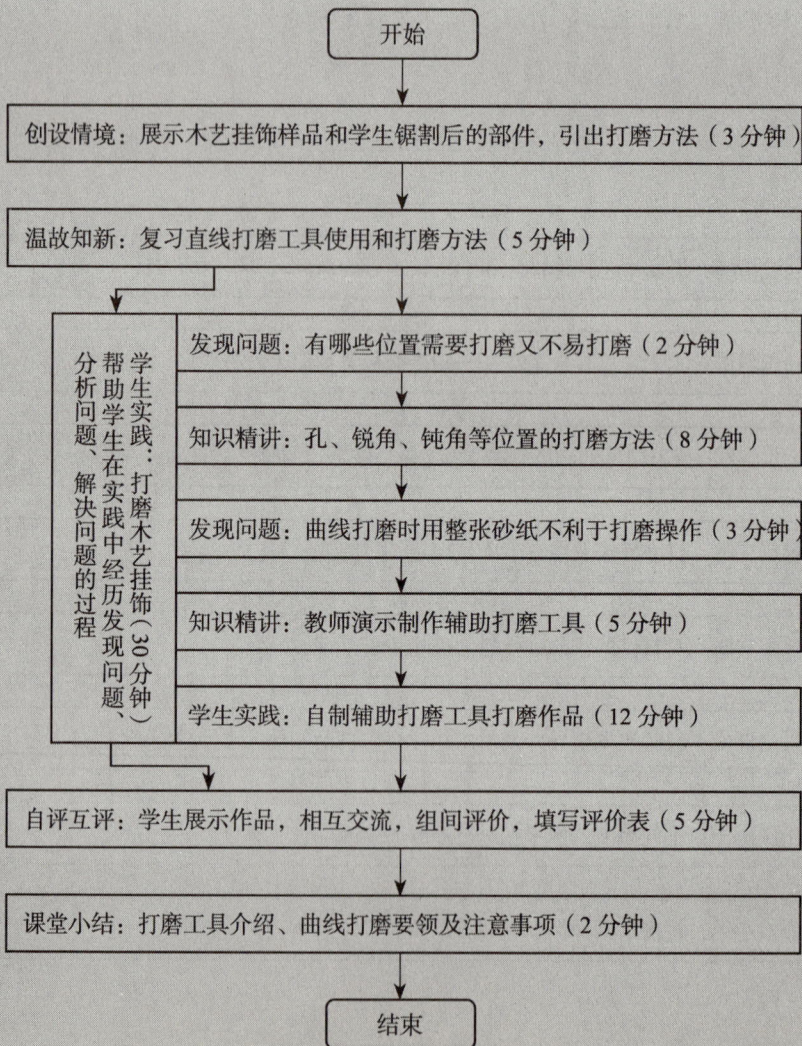

（2）评析

首先展示学生锯割后的作品，发现有毛刺的问题，引发思考：如何进行曲线打磨？回顾直线打磨的工具和打磨方法，在打磨中会发现有很多地方是用直线打磨方法不能完成的，那怎么办？学生就会产生对学习知识的渴望，接着师生总结曲线打磨的几种方式，教师演示如何制作辅助打磨工具打磨作品，同学们利用身边的废木料和砂纸，一起制作打磨工具来完成作品的打磨，打磨完成后同学自评互评，做知识小结。此教学流程符合知识体系结构，能考虑到学生的认知规律，准确把握重点内容，还能安排兼顾知识逻辑和学生的认知逻辑，对时间安排预设也合理。

3.优秀

（1）示例

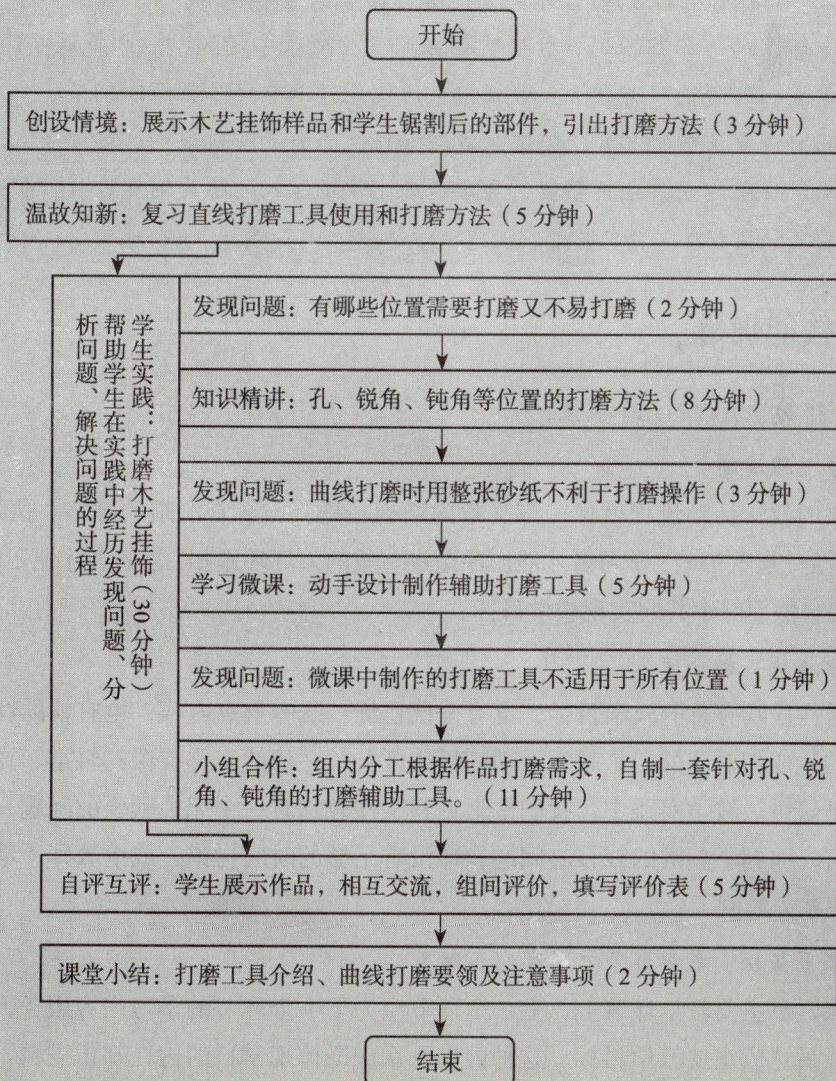

（2）评析

本节课用"木艺挂饰"承载相应的知识内容，对"传统意义上理论课的纯讲授能否用实例和活动承载"是一个尝试。巧妙设计案例，把知识和实际应用很好地结合起来，让同学们在"做中学"，使学生在活动中认识到使用工具和掌握技能的意义，体验到木工制作的流程，并通过动手实践初步掌握了曲线打磨的基本方法。整节课聚焦于曲线打磨方法，关注到由直到曲、由外到内的打磨方法，避免了多个案例在课堂中难以深入展开，同时也能帮助学生开拓思维，在实际制作过程中开发新的工具，提高学生应用的技术水准。

此教学流程设计注重学生的学思结合，手脑并用，引导学生在做中学，边做边想，边想边动手解决，这对于提升学生分析、解决技术问题的能力很有帮助。

本案例不但梳理出了要学习的基本内容，通过对本节所讲知识的横向纵向联系，还明确指出了"曲线打磨的方法"。本案例能够根据知识的脉络、学生的认知水平设计教学流程。每个学生的作品都不同，打磨时会在课堂生成很多问题，教师将这些问题收集、分类，和学生一起研究解决办法，带领学生认识到可以有很多种解决问题的方法，在解决问题的同时诞生了新的工具，能够生成新知识，并能灵活地应用这些方法完成作品的打磨，经历了发现问题、分析整理、层层递进、步步深入的解决问题过程，整个教学流程具有开放性和生成空间。

四、技能训练

合理安排教学流程的几个要素：

1. 教学思路清晰

一节课的教学活动流程就像一篇文章的结构一样，需要有清晰的脉络。执教一堂课，只有眉目清楚，层次清晰，学习者才能循序渐进。教的人环环紧扣，学的人才便于步步深入，师生才能在自然而然中共同实现教学目标。

2. 教学板块安排合理

一堂课往往既有总的教学目标，也有分层目标，既有重点内容，也有辅助性知识。与这些目标的达成相对应的，是教学活动的板块区分，并依此安排授课的轻重、详略，决定是讲授还是研讨。教学实践中，我们常常见到某些教师对一个无关紧要的问题，多次叫学生起来发言，而到了关键的或核心问题，却没有足够的时间讨论，或由教师一笔带过，这就把轻重关系弄颠倒了。

3. 各教学板块、教学环节之间有内在联系

一节课，在主要教学环节上，上一个环节应为下一个环节的学习内容服务，循序渐进地进行，最后达成主要教学目标。这种内在联系应既体现学科的内在知识逻辑，又符合学

生的认知规律。

▶▶ **活动四　能力训练**

请根据高中通用技术苏教版必修模块《技术与设计 2》中第四单元《控制与设计》的第二节《控制系统的工作过程与方式》中的第一课时或根据初中劳动技术《劳动技术——电子技术》的第三章第一节《传感器》的第一课时为例，进行下列练习：

①本节课的教学流程设计是怎样的？

_____

_____

_____

_____

②该流程在符合知识逻辑方面是如何体现的？

_____

_____

_____

③该教学流程的重点是如何突出的，时间安排是否合理？

_____

_____

_____

④该教学流程在符合学生的认知规律上是如何考虑的？

_____

_____

_____

⑤在课堂的生成性和开放性方面该流程是如何考虑的？

_____

_____

_____

_____

五、考核反思（见表1-2）

表1-2 《检核标准》中关于"合理安排教学流程"能力要点的评价标准

评价要素	评价指标			权重
	合格（6分）	良好（7~8分）	优秀（9~10分）	
教学思路	教学思路基本清晰，重点内容有落实	教学思路清晰，对重点内容落实较好	教学思路清晰，重点突出	0.4
教学流程安排	教学环节循序渐进	教学环节设计兼顾知识的内在联系和学生的认知逻辑	教学环节间联系紧密，注重生成性和开放性	0.4
教学预设安排	有预设	预设合理	合理调控	0.2

▶▶ 活动五　评价交流

1. 讨论并改进

把自己在活动四的设计和小组成员进行交流，看看他们还有哪些改进的建议。

改进的建议：＿＿＿＿＿＿＿＿＿＿＿＿＿＿＿＿＿＿＿＿＿＿＿＿＿

＿＿＿＿＿＿＿＿＿＿＿＿＿＿＿＿＿＿＿＿＿＿＿＿＿＿＿＿＿＿＿＿

2. 自我评价

参考评价标准，填写表1-3自己评价一下已达到的水平。

表1-3　自评评价表

评价要素	评价指标			权重
	合格	良好	优秀	
教学思路				0.4
教学流程安排				0.4
教学环节安排				0.2
在表中填上自己分数，考虑权重，总得分是：				

3. 小组评价（见表1-4）

表1-4　小组评价表

评价要素	评价指标			权重
	合格	良好	优秀	
教学思路				0.4
教学流程安排				0.4
教学环节安排				0.2
在表中填上组内成员给您的分数，考虑权重，总得分是：				

4. 听取大家的建议后，您认为自己

尚有欠缺的方面是：＿＿＿＿＿＿＿＿＿＿＿＿＿＿＿＿＿＿＿＿＿＿

＿＿＿＿＿＿＿＿＿＿＿＿＿＿＿＿＿＿＿＿＿＿＿＿＿＿＿＿＿＿＿＿

分析原因：_____

_____

改进措施是：_____

_____

六、填写日志

填写培训日志：通过今天的学习，您有什么收获和想法，请填写在表 1-5 的培训日志中。

表 1-5　培训日志

课　次		学习内容	
主讲教师		上课地点	
本次课程您最关注的问题：			
本次课程您的感受是：			

模块2 有效设计教学活动

学习目标

● 理解《检核标准》对"有效设计教学活动"的三个层次要求的含义。

● 能依据教学目标、教学内容和教学对象设计具有连贯性的教学活动，并能有针对性地设计对教学活动完成情况的检测方案。

● 能够设计激发学生思维和情感的教学活动，并能对课堂可能生成的问题设计预案。

一、问题提出

▶▶ **活动一 热身**

为了更好地推动航天知识的普及，弘扬航天精神，激发中小学生探索创新精神，请您策划一个校园航天模型——纸飞机制作比赛的活动。

①假如您是本次活动的第一组织者，您计划的活动目标是什么？_____

_____

②请设计出活动的主要环节。_____

_____

_____

③您考虑过活动中参与者可能会出现哪些生成的问题吗？对这些问题您设计了哪些预案？

_____

_____

④对于参加活动的选手，可以利用下表评选出活动的优胜者。

选手	规定时间内是否完成制作（完成为合格，合格记4分；未完成记0分，不参与后续比赛）	飞行距离（2米为合格，合格记3分，不合格记0分，每增加1米加2分）	滞空时间（2秒为合格，合格记3分，不合格记0分，每增加1秒加2分）	总分

⑤您还可以组织哪些飞机模型的比赛吸引孩子参加？

_____

_____

▶▶ **活动二　前测**
- -

　　高中教师请根据苏教版必修教材《技术与设计 2》第一章《结构与设计》的第二节《稳固结构的探析》的第二课时"结构的强度"为例，初中教师请根据劳动技术教材《电子技术》第三单元《电子控制电路》中的第一节《传感器》，请写出：

①本课时的教学目标和教学内容是什么？

教学目标：_____

_____

_____

教学内容：_____

_____

②本课时的教学重点和教学难点是什么？

教学重点：_____

_____

教学难点：_____

_____

③小组内选定其中的一个教学目标，请每个人试设计对应的教学活动。_____

_____

_____

_____

④设计出目标是否达成的检测方案。_____

_____

_____

_____

　　小组讨论内部进行交流，比较一下以上所列出的教学活动和对应的检测方法，看哪个效果好一些。

　　"教学活动就是教师根据教学内容并由特定目标为导向而设计的能促使学生参与课堂教学过程并自主获得知识的学习任务"。不同的教学目标和教学内容，面对不同的教学对象，需要选择不同的教学活动。

二、标准解读（见表2-1）

表2-1 《检核标准》中关于"有效设计教学活动"能力要点的检核标准

能力要点	合　格	良　好	优　秀
有效设计教学活动	能够围绕教学目标设计教学活动，并能设计对教学活动完成情况的检测方案	能够围绕教学目标设计具有连贯性的教学活动，并能有针对性地设计对教学活动完成情况的检测方案	能够设计激发学生思维和情感的教学活动，并能对课堂可能生成的问题设计预案

三、名词解释

1.教学活动

教学活动是一个完整的教学系统，它是由一个个相互联系、前后衔接的环节构成的。教学活动就是教师根据教学内容并以特定目标为导向而设计的能促使学生参与课堂教学过程并自主获得知识的学习任务。

建构主义认为，知识是学习者在一定的情境下借助其他人（包括教师和学习伙伴）的帮助，利用必要的学习资料，通过意义建构的方式而获得的。建构主义学习观强调以学生为中心，强调"学"，重视意义建构中学习者的主体性和自主性，即学生对知识的主动探索、主动发现和对所学知识的构建。

2.方案

方案是进行工作的具体计划或对某一问题制定的规划。

3.预案

预案，是指根据评估分析或经验，针对潜在的或可能发生的突发事件的类别和影响程度而事先制定的应急处置方案。

▶▶ 活动三　讨论与交流

1.针对活动二设计的教学活动，进行以下讨论

①您活动的设计是否有效？_____

_____

_____

②与课堂其他活动的设计是否具有连贯性？_____

_____

_____

_____

③在活动的哪些地方体现了激发学生的思维和情感？

_____

_____

④对课堂可能生成的问题，您设计的预案大家同意吗？

_____

_____

⑤听听大家对您设计的检测方案有什么建议。

_____

_____

2. 经过以上讨论、交流，记录您和大家讨论一致和不一致的方面，并做比较分析

一致的	不一致

大家提出的哪些建议更合理一些，对提高您教学活动设计的有效性启发较大？

_____

_____

_____

_____

案例分析

案例1

通用技术

以高中通用技术苏教版必修教材《技术与设计2》第一章《结构与设计》的第二节《稳固结构的探析》的第二课时"结构的强度"为例。

●教学目标

1. 知识与技能：

（1）了解结构的稳定性和强度的概念。

（2）能通过技术试验分析影响结构的强度和稳定性的因素。

（3）理解结构与功能的关系。

2.过程与方法：

（1）经历观察、设想、试验，分析总结出影响结构稳定和强度的主要因素。

（2）经历观察、分析、制作、试验等过程，学会技术试验的方法。

3.情感态度与价值观：

（1）形成和保持对技术问题的敏感性和探究欲望，领略技术世界的奥秘与神奇。

（2）初步形成严谨、守信、负责的意识。

●重点、难点

重点：影响结构稳定性和强度的主要因素。

难点：影响结构稳定性的主要因素在不同结构中的体现。

1.合格

（1）示例

本课时介绍的是教材第二节《稳固结构的探析》中的结构的强度及与结构的强度有关的三个因素。先介绍结构的强度的含义，通过几个事例，总结结构强度的三个相关因素。

活动要求：让学生2人一组，用一张印刷过的试卷纸设计一个结构进行承重试验：设计制作试卷纸承载试验模型；提供的材料包括试卷纸、剪刀、胶水、木块、砝码。

活动过程：学生分组利用教师提供的学具包括试卷纸、剪刀、胶水、木块、砝码，进行设计与制作，采用不同的方式进行连接。

活动评价：到测试台进行承重测试，以承重比（载重/自重）为依据记入学生平时成绩，最高为满分，其他同学的成绩与满分对比得出自己的成绩。

（2）评析

在这个案例中，教师能够围绕教学目标设计教学活动，如让学生运用学到的结构的基本概念和强度的知识解决实际问题，形成和保持对技术问题的敏感性和探究欲望，与最高成绩对比得出自己的成绩。这些教学手段让学生较好地达成了教学目标，但活动连贯性不强，对教学活动完成情况的检测方案过于简单，学生的思维脉络不清晰，因此属于合格层次。

2.良好

（1）示例

本课时介绍的是教材第二节《稳固结构的探析》中的结构的强度及与结构的强度有关的三个因素。

活动预备：先让学生思考——你能想象一张试卷纸制作的结构能承重多大吗？

学生回答：……

下面用刚才所学的结构的概念和知识2人一组设计一个结构，经过承重，检测你的猜想。

活动要求：让学生2人一组，用一张印刷过的试卷纸设计一个结构进行承重试验；设计制作试卷纸承载试验模型；提供的材料包括试卷纸、剪刀、胶水、木块、砝码。

活动过程：学生分组利用教师提供的学具包括试卷纸、剪刀、胶水、木块、砝码，进行设计与制作，采用不同的方式进行连接。

活动评价：到测试台进行承重测试，以承重比（载重／自重）为依据记入学生平时成绩，最高为满分，其他同学的成绩与满分对比得出自己的成绩。

活动检测：

姓名	结构自重	结构承重	承重比

活动拓展：

师：同学们测试时最大的问题是什么？

生：纸结构不稳定，经常倒，影响测试。

师：是的，结构的稳定和强度往往伴随一起，下面我们学习结构的稳定性。

活动注解：结构形式不限，但必须能进行承载试验，如果有跨度，跨度不要求，结构高度不低于3厘米。

（2）评析

在这个案例中，设计的活动拓展既思考学生活动中的主要问题，又为引出下一部分内容服务，形成活动的连贯性。能够围绕教学目标设计具有连贯性的教学活动并能有针对性地设计对教学活动完成情况的检测方案，但本例在文中并未明确提出如何合理运用教学活动有针对性地对检测方案进行评析，因此属于良好层次要求。

3.优秀

（1）示例

本课时介绍的是教材第二节《稳固结构的探析》中的结构的强度及与结构的强度有关的三个因素。

先让学生思考：你认为一张试卷纸质量是多少？

你能想象一张试卷纸制作的结构能承重多大吗？

下面用刚才学到的结构的概念和知识，2人一组，用一种试卷纸设计一项活动进行结构承重试验：结构设计——设计制作试卷纸承载试验模型；提供的材料包括试卷纸、剪刀、胶水、木块、砝码。

评价以承重比(载重/自重)最高为满分，其他同学的成绩与满分对比得出自己的成绩。结构形式不限，但必须能进行承载试验，如果有跨度，跨度不要求，高度不低于3厘米。

学生开始承重测试时只摆砝码，杠铃片藏起来，用承重砝码和承重杠铃的对比，给学生强烈的刺激，使学生保持对技术问题的敏感性和探究欲望。

提供表格和图纸让学生概括和随时记录。

活动检测：

姓名	结构自重	结构承重	承重比	与班级第一名的比

活动拓展：

师：同学们测试时最大的问题是什么？

生：纸结构不稳定，经常倒，影响测试。

师：同学们看：这几个纸结构哪个不易倒？

生：……

师：是的，结构的稳定和强度往往伴随一起，下面我们学习结构的稳定性。

（2）评析

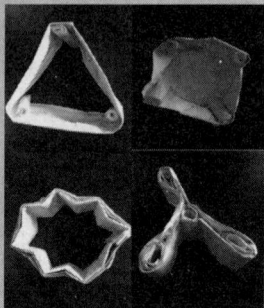

图2-2　几种纸结构

在这个案例中，挖掘出了技术教育蕴含在教材中的巨大教育价值，激发学生的思维和情感。案例中设计的活动拓展既思考学生活动中的主要问题，又为引出下一部分内容服务，形成活动的连贯性。活动拓展既突出了重点，又能对课堂可能生成的问题设计预案。检测方案有很强的针对性，因此是属于"优秀"的层次。

案例2

劳动技术

以初中劳动技术人民邮电出版社《电子技术》第一单元《电路与电子元器件》的二节《常用电子元器件》中的"电阻器的介绍"环节为例。

1.合格

（1）示例

活动1：导入

1）多媒体课件展示光电鼠标电路板的图片。

2）展示常用电阻器的图片。

活动 2：讲授新知

介绍电阻器的概念：阻碍电流的电子元器件，用字母 R 表示。电阻的单位为欧姆。

1）图片演示电阻器及其电路符号。

2）介绍色环法识别电阻器的阻值。

活动 3：实践操作

出示一个电阻器，学生通过色环法来计算该电阻器的阻值。

教师巡视指导，解决随时出现的问题。

活动 4：反馈与交流

学生出示答案，大家来讨论，最终出示正确答案，检验学生的判断是否正确。

（2）评析

从本案例看出，教师能够围绕教学目标"了解电阻器的基本性质"来设计教学活动。教师在介绍完色环法后，出示一个电阻器让学生进行计算，这个活动的设计，是针对教学目标学习情况的一个检测。可以看出该教师能够围绕教学目标设计教学活动，并能设计对教学活动完成情况的检测方案。但在教学方式上较为单一、教学策略上还不够丰富，因此属于合格层次。

2. 良好

（1）示例

活动 1：导入

1）多媒体课件展示光电鼠标电路板的图片。

2）聚焦光电鼠标中的一个电阻器，让学生观察，说说特点。

活动 2：讲授新知

根据学生说的特点，进行总结，从而介绍电阻器的概念：阻碍电流的电子元器件，用字母 R 表示。电阻的单位为欧姆。

1）用图片演示电阻器及其电路符号。

2）以小组为单位，每小组发两个不同阻值的电阻器，让学生观察两个电阻的区别。

3）通过学生的观察，发现两个电阻器的色环颜色不同，从而介绍色环法。

活动 3：实践操作

让学生通过色环法来判断两个电阻器阻值的大小，并说明理由。

教师巡视指导，解决随时出现的问题。

活动 4：反馈与交流

学生出示答案，大家来讨论，最终出示正确答案，检验学生的判断是否正确。

（2）评析

从本示例可以看出，教师围绕教学目标"了解电阻器的基本性质"，设计了观察、讨论、总结、学习、计算、对比等连贯性的教学活动。教师引导学生进行探究式的学习,通过计算、对比阻值大小的方式,有针对性地设计了教学目标达成的检测方案。并在介绍完色环法后,出示一个电阻器让学生进行计算,这个活动的设计,是针对教学目标学习情况的一个检测,本案例在文中并未明确提出如何合理运用教学活动和如何有针对性地对其检测方案进行评析,因此属于良好层次。

3.优秀

（1）示例

活动1：创设情境

教师根据电阻器的特点,创设一个"寻人"的情境。其中,寻找的人是："欧十"和"欧仟"。

活动2：知识新授

教师出示"欧十"和"欧仟"的共同点——电阻器的概念：阻碍电流的电子元器件,用字母R表示。电阻的单位为欧姆。不同点——阻值不同。

1）图片演示电阻器及其电路符号；

2）介绍判断阻值大小的方法——色环法。

活动3：尝试实践

1）学生以小组为单位,从四只不同的电阻中,找出欧十（10欧电阻）和欧仟（1千欧电阻）。并介绍如何判断出两种电阻的方法,进行分享。

2）教师继续创设情境,让学生设计电路,通过灯泡的亮度来判断电阻阻值大小。

3）学生通过之前学习的电路知识,来设计电路,并通过面包板的搭接来实现。

教师提示注意安全,巡视、指导学生。

活动4：反馈与交流

学生出示电路图和搭接实物,大家来讨论不同组的不同方案,检验学生操作是否正确。

活动5：评比推优

教师引导学生对实操过程进行反思小结,总结之前出现的问题和知识的运用。

（2）评析

从本案例可以看出,教师将电阻器拟人化,创设故事情境的教学活动,大大激发了学生的兴趣。随着故事情境的展开,设计了环环相扣的教学活动,促进了教学目标的达成。教师在课堂中开展了答案开放性的设计电路的教学活动来验证学生的达成度,并对课堂生成的问题进行了反馈,不仅促使学生能够积极参与课堂活动,还有助于培养学生的创新思维,引导学生更好地进行设计与制作,因此属于优秀层次。

四、技能训练

1.教学活动设计

●教学活动的设计应该紧密围绕教学内容,实现教学目标。

●教学目标是教学活动的出发点,也是教学活动的落脚点,影响着教学内容的选择和编排，注意教学活动的连贯性，分层深入引导。

2．有效设计教学活动

有效设计教学活动，对所设计的活动应有明确的指向性、可操作性，活动之间的逻辑性（渐进性）和活动形式要恰当。

有效的技术课堂活动，应紧扣技术学科的特点，面向全体学生，密切联系学生的生活经验和已有的知识，以学生的情感、价值观为出发点，满足学生的探究兴趣，通过课堂活动使学生在学习新知识的同时，真正实现可持续发展。

3．检测方案

能够精心设计形式多样的检测内容和方法，对反映出的问题及时解决，解除学生的疑虑。为实现高效课堂，课堂检测这一环节无疑是重中之重。

通过有效的方式让学生在检测中巩固知识、提高能力、提升觉悟，课堂才能真正地实现高效。

▶▶ **活动四　能力训练**

请根据高中通用技术苏教版必修模块《技术与设计1》中第七章《模型和原型的制作》的第二节《工艺》中的第二课时，或根据初中劳动技术"多功能笔筒设计"第一课时为例，分小组讨论并写出：

①教材的知识和技能点是什么？ _____

_____

②该知识和技能对应课程标准有哪些要求？ _____

_____

③在本节中，您计划设计几个教师演示活动？该活动为学生的学习能提供什么帮助？

序号	教师演示活动	为学生的学习提供什么帮助

④在本节中，您计划设计几项学生活动？所指向的教学目标是什么？

_____

_____

_____

⑤您能预计学生活动中可能出现哪些问题？您计划相应的预案是什么？

序　号	学生活动	预设学生活动中出现的问题	预　案

⑥您计划设计怎样的检测方案，用于检测活动设计是否有效？

_____

_____

_____

五、考核反思（见表2-2）

表2-2 "有效设计教学活动"能力要点的评价标准

评价要素	评价指标			权重
	合格（6分）	良好（7~8分）	优秀（9~10分）	
设计教学活动	能够围绕教学目标设计有逻辑、有层次	具有连贯性的教学活动	激发学生思维和情感	0.5
检测方案有效性	有检测方案	有针对性的检测方案	有针对性的检测方案，并且能够体现技术特色和创新精神	0.3
教学活动的教育价值	能体现渗透出一定的教育价值	教育价值挖掘得合理、恰当	教育价值挖掘得深入、严谨、充分	0.2

▶▶ 活动五　评价交流

1. 小组讨论

针对活动四的设计结果，请小组讨论以下问题：

①教学目标清晰、科学吗？ _____

_____

②教学活动设计有效吗？ _____

_____

③教学活动是否有连贯性？ _____

_____

④检测方案有针对性吗？ _____

⑤对可能生成的问题，设计的预案是什么？_____

_____

⑥对激发学生思维和情感的设计是什么？_____

_____

⑦教学活动的教育价值体现在哪里？_____

_____

2. 自我评价

参考评价标准，填写表2-3自己评价一下已达到的水平。

表2-3 自评评价表

评价要素	评价指标			权重
	合 格	良 好	优 秀	
设计教学活动				0.5
检测方案				0.3
教学活动的教育价值				0.2
在表中填上自己所得分数，考虑权重，总得分是：				

3. 小组评价（见表2-4）

表2-4 小组评价表

评价要素	评价指标			权重
	合 格	良 好	优 秀	
设计教学活动				0.5
检测方案				0.3
教学活动的教育价值				0.2
在表中填上组内成员给您的分数，考虑权重，总得分是：				

4. 听取大家的建议后，您认为自己

尚有欠缺的方面是：_____

_____

分析原因：_____

_____

改进措施是：_____

_____

六、填写日志

填写培训日志:通过今天的学习,您有什么收获和想法,请填写在表2-5的培训日志中。

表2-5　培训日志

课　次		学习内容	
主讲教师		上课地点	

本次课您最关注的问题:

本次课您的感受是:

阅读资料

1.有效设计教学活动的内涵

设计教学活动的目的是依据教学内容与教学目标,选择与安排各项"教"与"学"的活动,以达到最高的学习成效与预期目标,教学活动一般应包括"教师将做什么?学生将做什么?"等问题。

有效设计教学活动,是指教师在设计教学内容的呈现方式、学生学习活动的方式时应考虑与教学目标的对应关系,一切教学活动设计的出发点和归宿都应该是有利于教学目标的达成。

为了检验教学活动的效果,教师还应设计相应的检测方案,检测方案是对学习活动完成情况及效果的即时评价工具,使教师能及时了解学生掌握知识的状况,为调整教学活动的节奏、策略等提供帮助。这里的检测方案是指基于学习结果的评定行为,可能是对学生回答问题的一句有针对性的评价,也可能是类似练习题的小测验,还可能是用来检测学习效果的各种实践活动。最有效、最常见的检测形式是在教学过程中插入练习题的小测验,这类测验常常能最准确地了解学习者当时的学习状况,可作为学习者在教学过程中能否完成预期行为的依据。

2. 有效设计教学活动的原则及建议

①应根据学习目标的性质设计教学活动。

②应根据教学对象的特点设计教学活动。

③对某一节课教学活动的设计应灵活、突出重点。

3. 有效设计教学活动

有效设计教学活动是教师教学设计能力中的一个能力要点。要做到有效，教师必须考虑有效性的三要素：学习的效率、学习的体验、学生的变化。教师本人对该节课（乃至章节、整本书、课程标准）的知识、技能的认识、理解、应用程度的把握；通过有效的设计来促进学生的学习。通过活动，让学生得到收获和提高，同时让学生逐渐悟出学习道理，掌握技术学习方法，提高思维能力，享受学习乐趣，培养学习习惯，感受学习生活，磨炼学习品质，潜移默化中形成终身学习的意识。

模块 3   灵活选择教学策略

学习目标

●知道《检核标准》对"灵活选择教学策略"的层次要求。

●能够依据教学目标、教学内容和教学对象选择不同教学手段和学习方式。

●理解教学策略的概念、特点、组成、分类，能运用几种常见的教学策略。

●能结合具体的教学目标、教学内容和教学对象，选择恰当的教学策略，设计教学过程和教学活动。

一、问题提出

▶▶ **活动一   热身**

小明一家 5 口人在夜晚过一座桥，小明过桥要 1 分钟，小明的弟弟过桥要 3 分钟，小明的爸爸过桥要 6 分钟，小明的妈妈过桥要 8 分钟，小明的爷爷过桥要 12 分钟。这座桥每次只能过两个人，因是夜晚，过桥时必须提着灯，小明有一盏灯，点燃后 30 分钟会熄灭，问怎么样安排，才能保证小明一家在灯熄灭前过桥？

①他们的目标是什么？_____

参与人员特点有什么？_____

你认为解决这个问题的主要难点是什么？_____

②你采取什么策略能保证小明一家在灯熄灭前过桥？_____

_____

③你与其他人选择的策略有何不同？_____

_____

④你认为这个故事对我们的启发是什么？_____

_____

_____

▶▶ **活动二　前测**

"策略"一词对于我们并不陌生，我们有事业上的策略、生活中的策略。作为教育有教育的策略；作为教学，有教学的策略。不同的教学目标和教学内容，不同的教学对象，也要选择不同的教学策略。

高中教师请根据苏教版必修教材《技术与设计1》第三章《设计过程、原则和评价》中的第二节《设计的一般原则》为例，初中教师请根据劳动技术教材《电子技术》第三单元《电子控制电路》中的第二节《磁控电路》为例，请写出：

①本课时的教学目标和教学内容是什么？

教学目标：_____

_____

_____

教学内容：_____

_____

②本课时的教学重点和教学难点是什么？

教学重点：_____

_____

_____

教学难点：_____

_____

_____

③您准备采用的教学策略是什么？

_____

_____

_____

_____

_____

二、标准解读（见表 3-1）

表 3-1　《检核标准》中关于"灵活选择教学策略"能力要点的检核标准

能力要点	合格	良好	优秀
灵活选择教学策略	能够根据教学目标和内容进行板书、提问、媒体演示和评价等教学手段的设计	能够根据教学目标和内容，利用小组合作等学习方式突出教学重点、突破教学难点	能够根据教学目标和内容，设计教学策略并灵活运用各种教学手段

二、名词解释

1.教学目标

教学目标是师生通过教学活动预期达到的结果或标准，是对学习者通过教学以后将能做什么的一种明确的、具体的表述，主要描述学习者通过学习后预期产生的行为变化。

2.教学重点

教学重点是依据教学目标，在对教材进行科学分析的基础上而确定的最基本、最核心的教学内容，一般是一门学科所阐述的最重要的原理、规律，是学科思想或学科特色的集中体现。它的突破是一节课必须要达到的目标，也是教学设计的重要内容。

3.教学难点

教学的难点是指学生不易理解的知识或不易掌握的技能技巧。

4.教学策略

教学策略是指在教学过程中，为完成特定的目标，依据教学的主客观条件，特别是学生的实际，对所选用的教学顺序、教学活动程序、教学组织形式、教学方法和教学媒体等的总体考虑。也就是说教学策略是在教学的过程中，各个环节中使用的指导思想和方法。

5.教学手段

教学手段指运用教学辅助工具进行课堂教学的一种方法，可以是视听，也可以是实践活动，现在以多媒体为主。现代化教学手段是与传统教学手段相对而言的。传统教学手段主要指一部教科书、一支粉笔、一块黑板、几幅历史挂图等。现代化教学手段是指各种电化教育器材和教材，即把幻灯机、投影仪、录音机、录像机、电视机、电影机、VCD 机、DVD 机、计算机等搬入课堂，作为直观教具应用于各学科教学领域。因利用其声、光、电等现代化科学技术辅助教学，又称为"电化教学"。

6.学习方式

学习方式是学生在完成学习任务时基本的行为和认知的取向，它不是指具体的学习策略和方法，而是学生在自主性、探究性和合作性方面的基本特征。

▶▶ 活动三 讨论与交流

根据活动二的设计，在小组内进行讨论。

①教学目标的制定是否合适？_____

_____

②设计的板书、提问、媒体演示等是否支持您的教学目标？_____

_____

③教学评价的设计是否针对了教学目标？＿＿＿＿＿＿＿＿＿＿＿＿＿＿＿＿

＿＿＿＿＿＿＿＿＿＿＿＿＿＿＿＿＿＿＿＿＿＿＿＿＿＿＿＿＿＿＿＿＿＿

④根据教学目标和内容所计划采用的学习方式是否有利于突出教学重点、突破教学难点？＿＿＿＿＿＿＿＿＿＿＿＿＿＿＿＿＿＿＿＿＿＿＿＿＿＿＿＿＿＿＿＿

＿＿＿＿＿＿＿＿＿＿＿＿＿＿＿＿＿＿＿＿＿＿＿＿＿＿＿＿＿＿＿＿＿＿

⑤经过以上讨论、交流，记录您和大家讨论一致和不一致的方面，并做比较分析。

一致的	不一致

大家提出的哪些建议更合理一些，对您的启发较大？

＿＿＿＿＿＿＿＿＿＿＿＿＿＿＿＿＿＿＿＿＿＿＿＿＿＿＿＿＿＿＿＿＿＿

＿＿＿＿＿＿＿＿＿＿＿＿＿＿＿＿＿＿＿＿＿＿＿＿＿＿＿＿＿＿＿＿＿＿

案例分析

案例1

通用技术

以苏教版选修教材《汽车驾驶与保养》第三章《汽车的起步》中的第三节《汽车的起步操作》为例。

●教学目标

一、知识与技能

1.知道起步停车过程中方向盘、转向灯、手刹及三个踏板的操作方法。

2.初步理解离合器的基本原理。

3.正确认识起步与停车的流程。

二、过程与方法

从系统间相互协调的角度初步分析并掌握汽车起动、停车的实现过程。在模拟器的操作体验过程中，内化系统和控制的思想方法。

三、情感态度价值观

1.树立起步和停车时的交通安全意识。

2.增强汽车驾驶员的道德规范意识。

●教学内容

本节内容选自江苏教育出版社通用技术选修模块《汽车驾驶与保养》第三章《汽车的起步》中第三节《汽车的起步操作》。本节教学以道路侧边起步的情景展开，按照起步停车的操作流程，引导学生理解与掌握操纵方向盘、转向灯、转速仪表、手刹及三个踏板的名称、位置、作用和操作方法，初步理解离合器的基本原理和功能，在教师介绍完起步和停车的流程后由学生应用流程的思想方法画出起步停车的流程图，从系统间相互协调的角度分析汽车起动和制动的实现过程。引导学生在模拟器上进行反复练习并认真体会操作动作要领，内化系统和控制的思想方法，将"对他人负责，安全第一"的思想内化为学生的技术行为，使学生树立起步和停车时的交通安全意识和驾驶员道德规范意识。在教学中使用实物、模型或多媒体等方式深入浅出地讲述枯燥的机械结构及原理。在模拟器上操作后，组织学生就起步停车的操作互相交流反思，达到理解巩固相关知识的目的。

1.合格

（1）示例

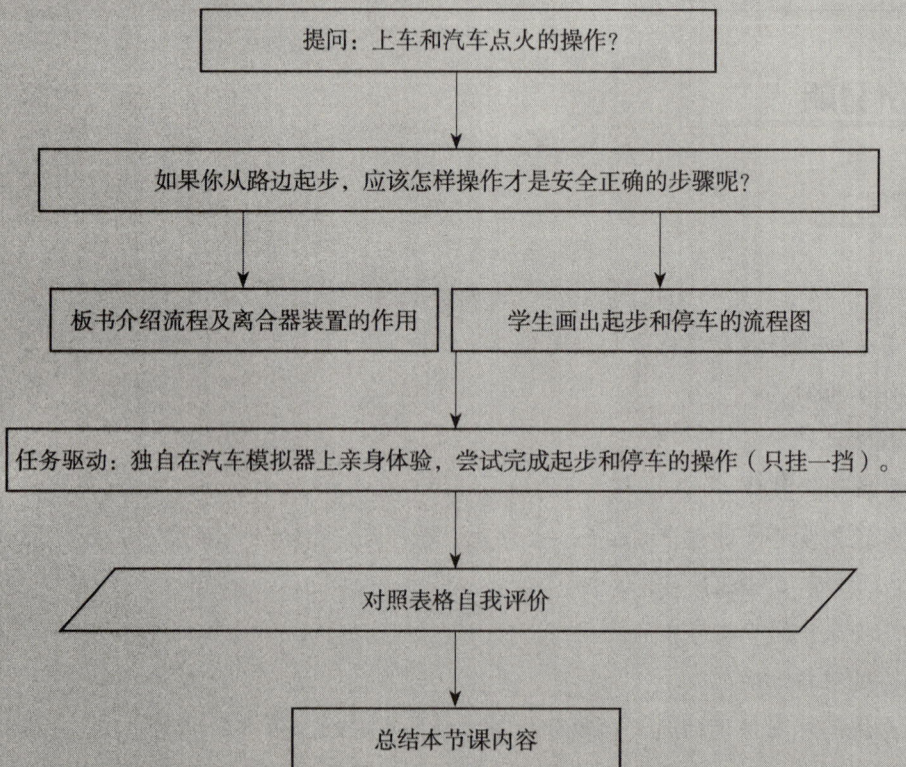

（2）评析

在这个案例中，教师能根据教学目标和内容通过板书介绍流程及装置的作用，通过提问上车和汽车点火的操作来帮助学生回顾上节课的知识，通过多媒体演示让学生可以清晰地看到起步和停车的操作，有助于学生理解相关操作，避免枯燥地学习，在课程的最后采用自我对照评价等教学手段巩固学习。这些教学手段让学生较好地达成了教学目标，但没有体现出学习方式和教学策略，因此属于合格层次。

2. 良好

（1）示例

1）教学重点

初步掌握汽车起步、停车的基本操作技巧。

2）教学难点

从系统间相互协调和控制角度初步理解汽车离合器的基本操作原理。

3）学习方式

在课程实施过程中，教师将学生两人编为一组，采用合作学习的方式，课堂中还运用了汽车模拟驾驶器这样的学具，通过体验学习的学习方式让学生亲自上机进行操作，效果明显好于通过板书理解和视频理解。

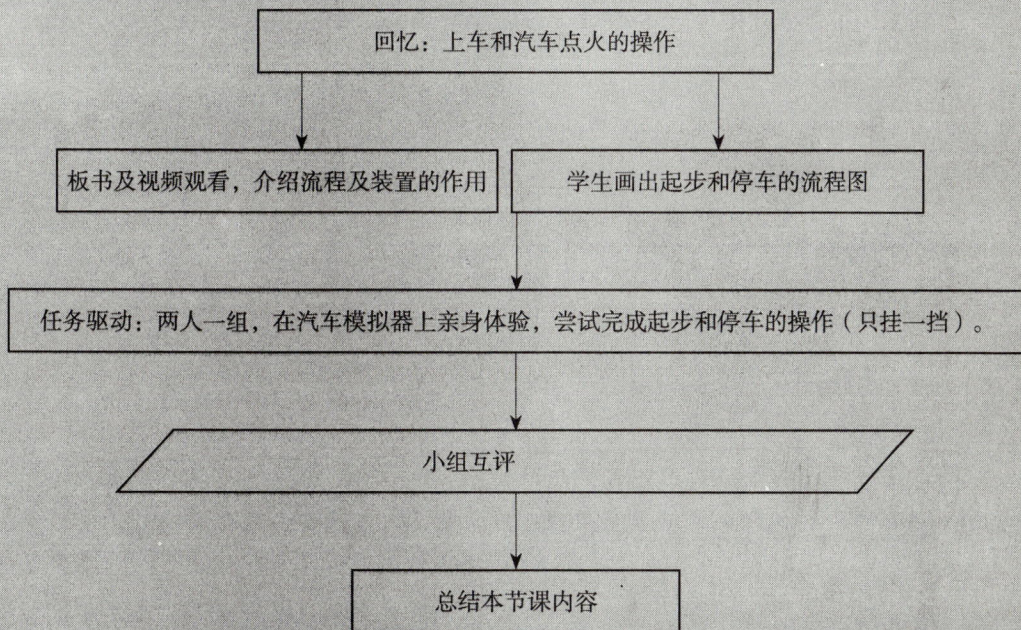

```
              ┌─────────────────────────────┐
              │   回忆：上车和汽车点火的操作      │
              └─────────────────────────────┘
               │                           │
               ▼                           ▼
┌──────────────────────────┐  ┌──────────────────────────┐
│ 板书及视频观看，介绍流程及装置的作用 │  │  学生画出起步和停车的流程图      │
└──────────────────────────┘  └──────────────────────────┘
               │
               ▼
┌──────────────────────────────────────────────────────┐
│ 任务驱动：两人一组，在汽车模拟器上亲身体验，尝试完成起步和停车的操作（只挂一挡）。 │
└──────────────────────────────────────────────────────┘
               │
               ▼
        ╱──────────────────────────╲
       ╱          小组互评            ╱
      ╱──────────────────────────╱
               │
               ▼
       ┌──────────────────┐
       │   总结本节课内容      │
       └──────────────────┘
```

（2）评析

在课程实施过程中，教师将学生两人编为一组，采用合作学习的方式既消除了学生的畏惧心理又通过互相总结、纠错及互相评价，从系统角度和控制角度理解汽车离合器的基本操作原理，突破了教学难点。此外，课堂中还运用了汽车模拟驾驶器这样的学具，通过体验学习的学习方式让学生亲自上机进行操作，效果明显好于通过板书理解和视频理解，有效地突出了教学重点、突破了教学难点。但本案例在文中并未明确提出如何合理运用教学策略，因此只达到了良好层次要求。

3. 优秀

（1）示例

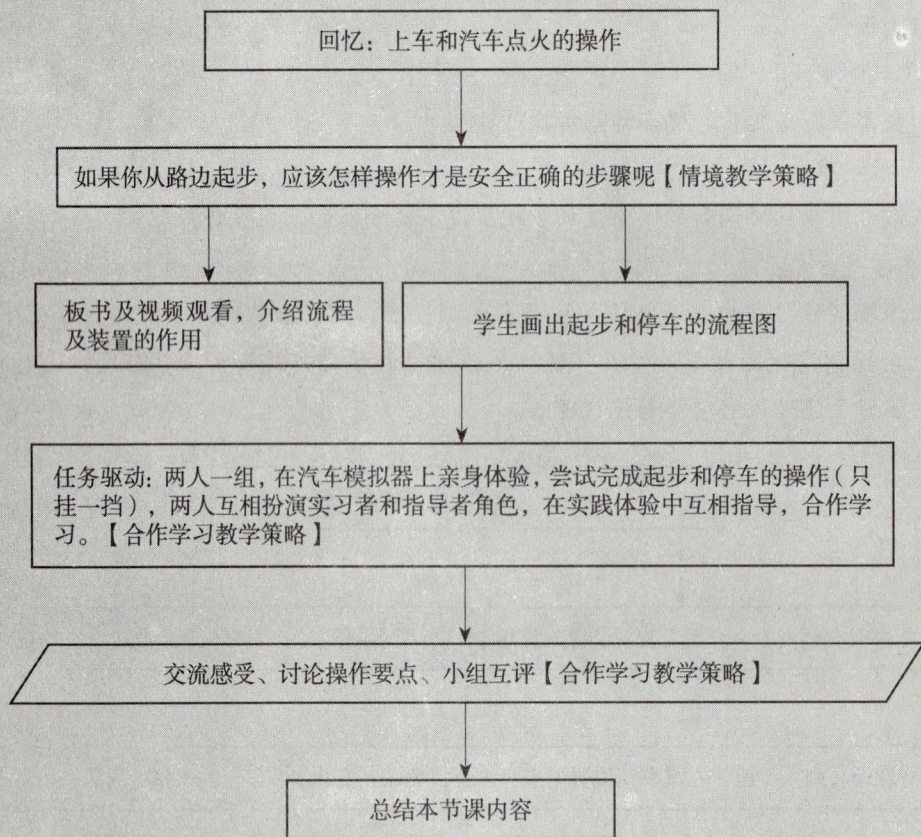

（2）评析

在这个案例中，教师根据教学目标和内容通过板书介绍流程及装置的作用；通过提问上车和汽车点火的操作来帮助学生回顾上节课的知识；通过多媒体演示让学生可以清晰地看到起步和停车的操作，有助于学生理解相关操作，避免枯燥地学习；通过采用汽车模拟器等教具学习，以体验学习的学习方式让学生亲自上机进行操作，效果明显好于通过板书理解和视频理解；在课堂的最后又采用讨论和小组互评等教学手段巩固学习，结合多种教学手段，有效地突出了教学重点、突破了教学难点。

在教学策略方面，教师因地制宜根据课程目标和内容在本课开始后灵活采用了情境教学策略，即把学生带入路边起步的真实情境中，在和真实情境相类似的环境中发生，在真实情境中的学习，可以提高学生学习的参与度。此外，教师还采取了合作学习的教学策略，学生两人一组，在上模拟器时分别扮演学习者和指导者的角色，学习者被要求解答问题，而指导者则检查学习者在起步停车操作过程中是否有错误。当学习者在解题过程中遇到困难时，指导者帮助学习者解决疑难。在学习过程中，他们所扮演的角色可以互换。让学生分别扮演指导者和学习者的前提是他们对学习问题有"知识上的差距"，起到了非常好的教学效果，教师从无意识地运用教学策略到明确提出并科学运用教学策略，因此是属于"优秀"的层次。

案例2

劳动技术

初中劳动技术教材《电子技术》第三单元《电子控制电路》中的第一节《传感器》。

●教学目标

一、知识与技能

1.知道生活中常见传感器的应用，知道应用传感器的优势。

2.会使用电子控制实验箱搭建简单的传感器应用装置，能设计传感器产品应用方案。

二、过程与方法

1.掌握电子实验箱的基本使用方法，经历观察、识图、设计、安装、调试等技术试验过程。

2.能融入小组探究过程，学会合作交流，能正确表述设计方案。

三、情感态度价值观

1.认识到工农业生产和日常生活中都离不开传感器，增强对传感器的探究欲望。

2.能客观评价他人的设计方案，增强创新设计意识，初步感受设计成功的喜悦。

●教学内容

本节是选自劳动技术学科（北京出版社）必修模块《电子技术》的第三单元《电子控制电路》中第一节《传感器》的内容。本节内容，从学生生活经验出发，从实例分析入手，归纳出传感器应用的优势，通过动手搭建简单的传感器和创意设计传感器方案，使学生加深对传感器应用的理解。在本节之前的第一节学生已经初步了解了传感器的概念和作用，能检测传感器。本节是延续上一课，进一步加深对传感器的认识和理解，也是为学生深入了解电子控制技术奠定基础的一课，因此尤为重要。

1．合格

（1）示例

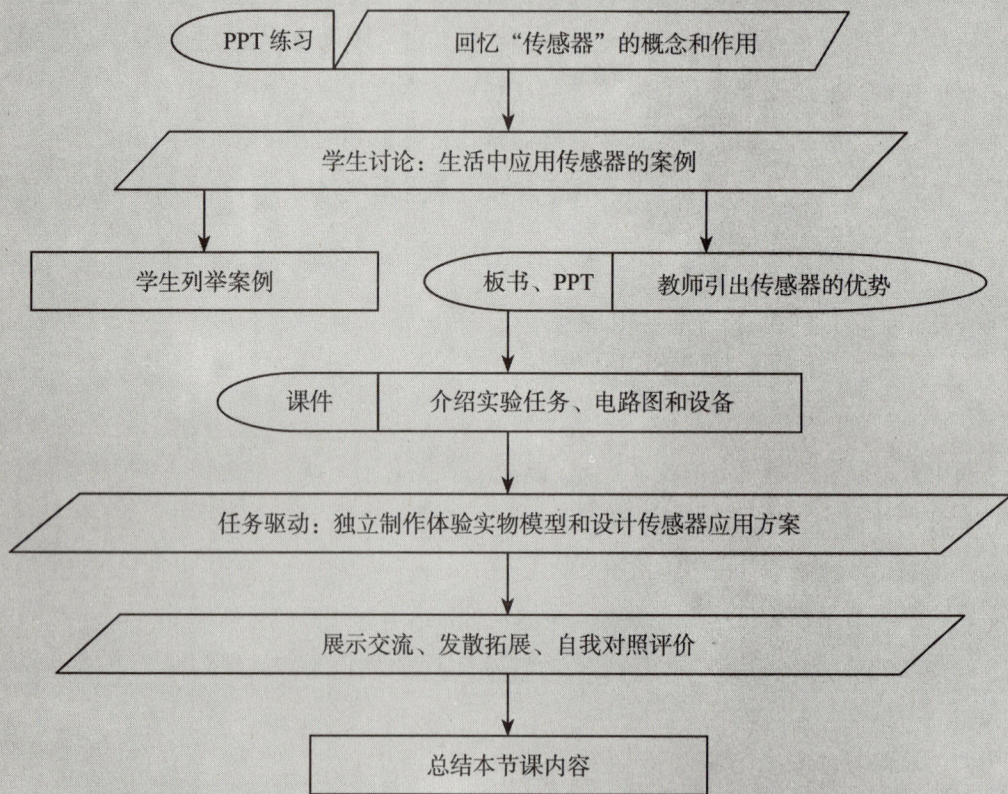

（2）评析

在这个案例中，教师能根据教学目标和内容通过提问和练习来回忆"传感器"的概念和作用，帮助学生回顾上节课的知识，通过多媒体演示介绍学生的发明和如何应用传感器。介绍实验任务、电路图和设备，有助于学生理解相关操作，避免枯燥地学习。在课程的最后采用讨论和自我对照评价等教学手段巩固学习。这些教学手段让学生较好地达成了教学目标，但在本例中学生独立完成难度较大，没有体现学生采取何种有效的学习方式来突破教学难点、突出教学重点，没有体现出教师灵活采用了何种有效的教学策略，因此属于合格层次。

2．良好

（1）示例

1）教学重点

使用电子控制实验箱搭建传感器应用装置。

2）教学难点

能创意设计传感器产品的应用方案。

3）学习方式

在课程实施过程中，教师将学生两人编为一组，采用合作学习的方式，课堂中还运用了电子控制多功能实验箱这样的学具，通过亲身体验的学习方式让学生亲自进行操作，效果明显好于通过板书理解和视频理解。

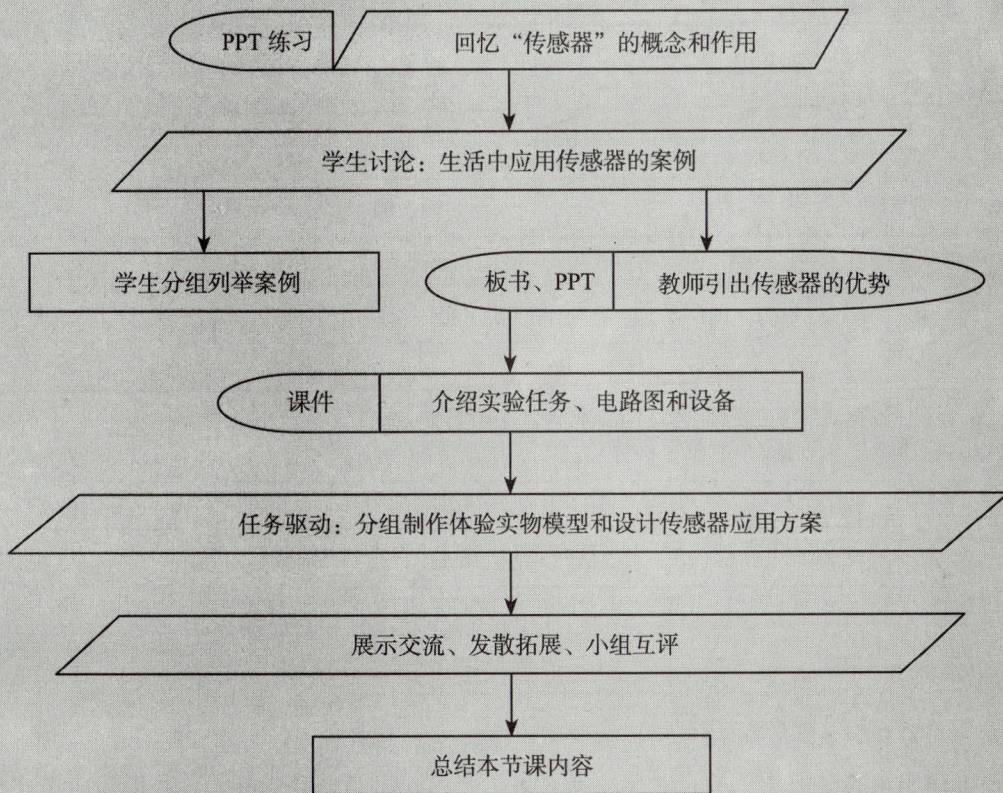

```
┌─ PPT 练习 ─┐ 回忆"传感器"的概念和作用
             │
             ▼
    学生讨论：生活中应用传感器的案例
             │
   ┌─────────┴─────────┐
   ▼                   ▼
学生分组列举案例   ( 板书、PPT ) 教师引出传感器的优势
                       │
                       ▼
          ( 课件 ) 介绍实验任务、电路图和设备
                       │
                       ▼
   任务驱动：分组制作体验实物模型和设计传感器应用方案
                       │
                       ▼
        展示交流、发散拓展、小组互评
                       │
                       ▼
           总结本节课内容
```

（2）评析

在课程实施过程中，教师将学生两人编为一组，采用合作学习的方式既消除了学生的畏惧心理又通过互相总结、纠错及互相评价，能合作创意设计传感器产品应用方案，突破了教学难点。此外，课堂中还运用了电子控制实验箱这样的学具，通过亲身体验的学习方式让学生亲自搭建传感器应用装置，效果明显好于通过板书理解和视频理解，有效地突出了教学重点、突破了教学难点。但本例在文案中并未明确提出如何合理运用何种教学策略，因此只达到了良好层次要求。

3.优秀

（1）示例

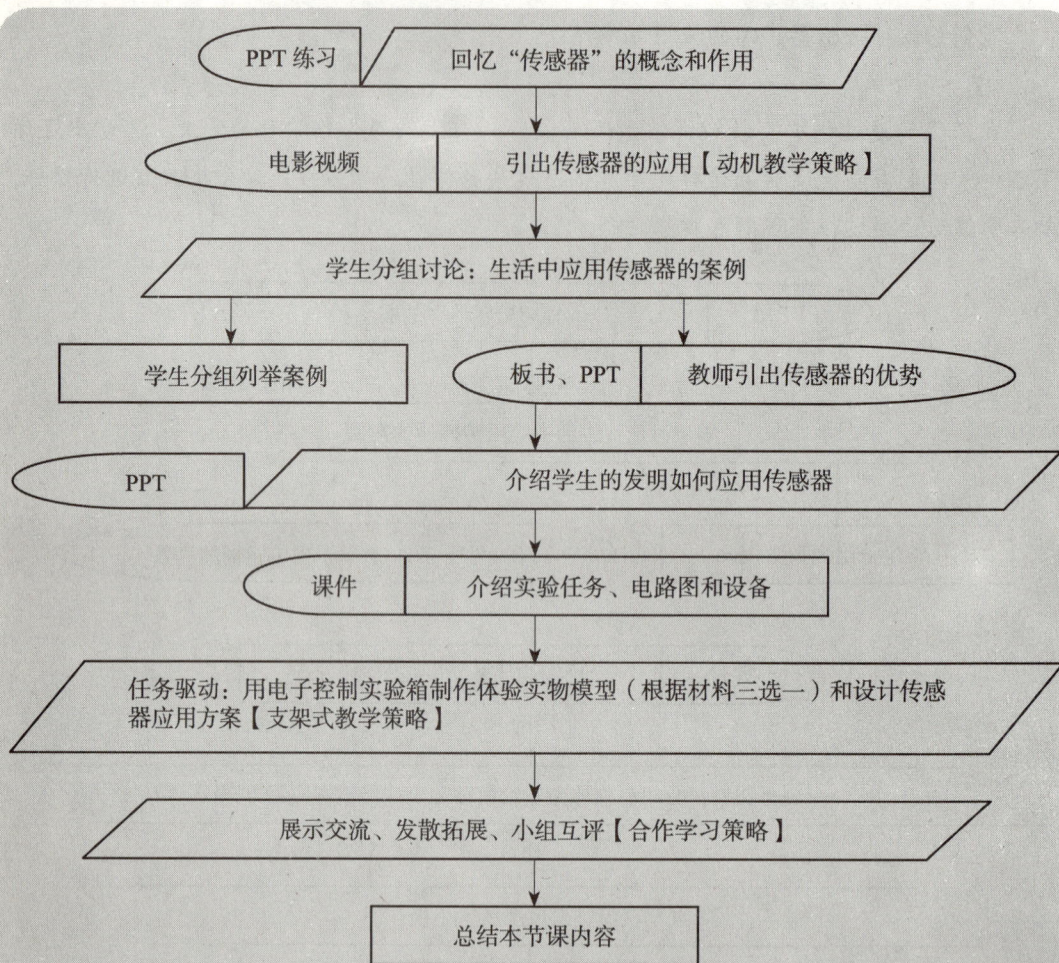

```
┌─────────┐
│ PPT 练习 │  回忆"传感器"的概念和作用
└─────────┘
     │
   电影视频  │  引出传感器的应用【动机教学策略】
     │
  学生分组讨论：生活中应用传感器的案例
     │                              │
┌──────────────────┐         板书、PPT │ 教师引出传感器的优势
│ 学生分组列举案例   │
└──────────────────┘
     │
   PPT  │  介绍学生的发明如何应用传感器
     │
   课件  │  介绍实验任务、电路图和设备
     │
  任务驱动：用电子控制实验箱制作体验实物模型（根据材料三选一）和设计传感
  器应用方案【支架式教学策略】
     │
  展示交流、发散拓展、小组互评【合作学习策略】
     │
┌──────────────────┐
│  总结本节课内容    │
└──────────────────┘
```

（1）评析

在课程实施过程中，教师将学生两人编为一组，采用合作学习的方式既消除了学生的畏惧心理又通过互相总结提醒及互相评价，合作创意设计传感器产品应用方案，突破了教学难点。此外，课堂中还运用了电子控制实验箱这样的学具，通过亲身体验的学习方式让学生亲自搭建传感器应用装置，效果明显好于通过板书理解和视频理解，有效地突出了教学重点、突破了教学难点。

在教学策略方面，教师因地制宜根据课程目标和内容在本课开始后播放了一段电影视频，采用了动机教学策略教学。学习动机是学生内在的学习需要。奥苏贝尔认为，动机能使学习者在"集中注意""加强努力""学习持久性""挫折忍受力"等方面发挥出更大潜能，使其加强新旧知识的相互作用，有效地促进有意义学习的发生和对所学知识的保持。此外，动机可以影响对知识的提取（回忆）。因此，如何在教学中发挥教师的主导作用，引发学生内在的学习动机，是教学的重点所在。

此外，教师还采取了合作学习教学策略，学生两人一组，在用电子实验箱时分别扮演学习者和指导者的角色，学习者被要求解答问题，而指导者则检查学习者在搭建传感器装置过程中是否有错误。当学习者在解题过程中遇到困难时，指导者帮助学习者解决疑难。在学习过程中，他们所扮演的角色可以互换。让学生分别扮演指导者和学习者的前提是他们对学习问题有"知识上的差距"，起到了非常好的教学效果。

教学中，在学生搭建传感器的材料时，教师采用了支架式教学策略，让学生根据自己现有的能力层次去选择适合自己难度的项目。支架式教学是事先要把复杂的学习任务加以分解，以便于把学习者的理解逐步引向深入。建构主义者正是从维果斯基的思想出发，借用建筑行业中使用的"脚手架"（Scaffolding）作为上述概念框架的形象化比喻，其实质是利用上述概念框架作为学习过程中的脚手架。这有利于学生在自己的最近发展区对传感器的认识进一步深化，从而有真实的获得。教师从无意识地运用教学策略到明确提出并科学运用教学策略，因此属于"优秀"的层次。

四、技能训练

选择不同教学策略的依据，即教学目标、教学内容和教学对象。

教学策略具有动态性，教学策略根据教学情境、学习者学习情况、教学内容安排等，实时地调整教学策略以适应实际教学需要，以确保将教学策略的作用发挥到极致，使教学效果达到最优化。

教学策略的制定依据主要有：

①依据教学目标。有什么样的目标，就应该选择有利于实现该教学目标的策略。

②遵循教学和学习规律。教学策略是实现教学目标的手段，应当以学习理论和教学理论为制定策略的依据。

③符合学习内容的客观要求。要针对不同的学习内容选择不同的教学方式，教学策略是为学习内容服务的。

④要适合学生的特点。针对不同的学生，所制定的教学策略也应该不同。处在不同身心发展阶段的学生，其学习特征各异。因此，要充分考虑学生的特征，以学生特征分析的结果作为设计依据。

⑤根据教师的自身条件。只有用教师能实现的教学策略，才能发挥作用。

⑥依据客观教学条件的可行性。教学策略的实施要受客观教学条件的制约。因此，要根据可能的现有条件，选择制定合适的教学策略。

▶▶ **活动四　能力训练**

经过以上的技能训练，高中教师请根据苏教版必修教材《技术与设计1》第三章《设计过程、原则和评价》中的第二节《设计的一般原则》为例，初中教师请根据劳动技术教材《电子技术》第三单元《电子控制电路》中的第二节《磁控电路》教授。

请写出相应的内容：

①本课时的教学目标和教学内容是什么？ _____

教学目标： _____

_____

_____

教学内容： _____

_____

②本课时的教学重点和教学难点是什么？ _____

教学重点： _____

_____

教学难点： _____

_____

③你准备采用的教学策略是什么？ _____

_____

_____

_____

五、考核反思（见表3-2）

表3-2　"灵活选择教学策略"能力要点的评价标准

评价要素	评价指标		
	合格（6分）	良好（7~8分）	优秀（9~10分）
教学策略的教学目标依据	能正确书写教学目标	教学目标清晰、合理、科学	教学目标清晰、合理、科学，可操作、可测量。
教学策略的教学内容依据	能依据教材内容制定	能依据教材分析和学情分析制定	能依据教材分析和学情分析以及二者之间的密切联系来制定
教学策略	知道基本的教学策略	能根据教学目标和内容选择常见的教学策略	能根据教学目标和内容恰当选择教学策略并灵活准确运用

▶▶ **活动五　评价交流**

1. 分析比较

针对您在活动四中所写的目标，请你们小组讨论

①教学目标清晰科学吗？ ＿＿＿＿＿＿＿＿＿＿＿＿＿＿＿＿＿＿＿＿＿

＿＿＿＿＿＿＿＿＿＿＿＿＿＿＿＿＿＿＿＿＿＿＿＿＿＿＿＿＿＿＿＿＿＿＿＿

②教学内容明确合理吗？ ＿＿＿＿＿＿＿＿＿＿＿＿＿＿＿＿＿＿＿＿＿＿

＿＿＿＿＿＿＿＿＿＿＿＿＿＿＿＿＿＿＿＿＿＿＿＿＿＿＿＿＿＿＿＿＿＿＿＿

＿＿＿＿＿＿＿＿＿＿＿＿＿＿＿＿＿＿＿＿＿＿＿＿＿＿＿＿＿＿＿＿＿＿＿＿

③教学策略是否选择合理恰当、运用灵活准确？ ＿＿＿＿＿＿＿＿＿＿＿

＿＿＿＿＿＿＿＿＿＿＿＿＿＿＿＿＿＿＿＿＿＿＿＿＿＿＿＿＿＿＿＿＿＿＿＿

＿＿＿＿＿＿＿＿＿＿＿＿＿＿＿＿＿＿＿＿＿＿＿＿＿＿＿＿＿＿＿＿＿＿＿＿

④把自己列出的结果和小组的分析结果比较一下，看看有哪些相同点和不同点。

相同点：＿＿＿＿＿＿＿＿＿＿＿＿＿＿＿＿＿＿＿＿＿＿＿＿＿＿＿＿＿＿＿

＿＿＿＿＿＿＿＿＿＿＿＿＿＿＿＿＿＿＿＿＿＿＿＿＿＿＿＿＿＿＿＿＿＿＿＿

不同点：＿＿＿＿＿＿＿＿＿＿＿＿＿＿＿＿＿＿＿＿＿＿＿＿＿＿＿＿＿＿＿

＿＿＿＿＿＿＿＿＿＿＿＿＿＿＿＿＿＿＿＿＿＿＿＿＿＿＿＿＿＿＿＿＿＿＿＿

＿＿＿＿＿＿＿＿＿＿＿＿＿＿＿＿＿＿＿＿＿＿＿＿＿＿＿＿＿＿＿＿＿＿＿＿

和小组成员讨论一下不同点：＿＿＿＿＿＿＿＿＿＿＿＿＿＿＿＿＿＿＿＿＿

＿＿＿＿＿＿＿＿＿＿＿＿＿＿＿＿＿＿＿＿＿＿＿＿＿＿＿＿＿＿＿＿＿＿＿＿

＿＿＿＿＿＿＿＿＿＿＿＿＿＿＿＿＿＿＿＿＿＿＿＿＿＿＿＿＿＿＿＿＿＿＿＿

2. 自我评价

参考评价标准，填写表 3-3 自己评价一下已达到的水平。

表 3-3　自评评价表

评价要素	评价指标			权重
	合格（6 分）	良好（7~8 分）	优秀（9~10 分）	
教学策略的教学目标依据				0.2
教学策略的教学内容依据				0.2
教学策略				0.6
在表中填上您的分数，考虑权重，总得分是：				

3. 小组评价（见表3-4）

表3-4　小组评价表

评价要素	评价指标			权重
	合格（6分）	良好（7~8分）	优秀（9~10分）	
教学策略的教学目标依据				0.2
教学策略的教学内容依据				0.2
教学策略				0.6
在表中填上组内成员给您的分数，考虑权重，总得分是：				

4. 听取大家的建议后，您认为自己

尚有欠缺的方面是：_____

_____

分析原因：_____

_____

改进措施是：_____

_____

六、填写日志

填写培训日志：通过今天的学习，您有什么收获和想法，请填写在表3-5 的培训日志中。

表3-5　培训日志

课　次		学习内容	
主讲教师		上课地点	
本次课您最关注的问题是：			
本次课您的感受是：			

阅读资料

一、教学策略的概念、特点、分类，几种常见的教学策略

1.教学策略的概念

教学策略是指以一定的教育思想为指导，在特定的教学情境中，为实现教学目标而制定并在实施过程中不断调适、优化，以使教学效果趋于最佳的系统决策与设计。教学策略是对完成特定教学目标而采取的教学活动程序、教学方法、教学形式和教学媒体等因素的总体考虑，是为达到某种教学目的使用的手段和方法，包含多个方面的含义，包括目标的设立、媒体的选择、方法的确立、活动的组织、反馈的方法、成绩的评定等。

在《辞海》中，"策略"一词指的是"计谋策略"，而在较为普遍性的意义上，策略涉及的是为达到某一目的而采用的手段和方法。国内外学者对教学策略有很多界定，这些界定即呈现出一些共性，又表现出一些明显的分歧，有如下三种观点：

①"教学策略是指教师在课堂上为达到课程目标而采取的一套特定的方式或方法。教学策略要根据教学情境的要求和学生的需要随时发生变化。无论是在国内还是在国外的教学理论与教学实践中，绝大多数教学策略都涉及如何提炼或转化课程内容的问题。"（施良方，1996）

②"所谓教学策略，是在教学目标确定以后，根据已定的教学任务和学生的特征，有针对性地选择与组合相关的教学内容、教学组织形式、教学方法和技术，形成的具有效率意义的特定教学方案。教学策略具有综合性、可操作性和灵活性等基本特征。"（袁振国，1998）

③"教学策略是为了达成教学目的，完成教学任务，而在对教学活动清晰认识的基础上对教学活动进行调节和控制的一系列执行过程。"（和学新，2000）

尽管对教学策略的内涵存在不同的认识，但在通常意义上，人们将教学策略理解为：教学策略是指在不同的教学条件下，为达到不同的教学结果所采用的手段和谋略，它具体体现在教与学的交互活动中。

2.教学策略的特点

（1）对教学行为的指向性

教学策略是为实际的教学服务的，是为了达到一定的教学目标和教学效果设计的。目标是教学整个过程的出发点。教学策略的选择行为不是主观随意的，而是指向一定的目标的。业已做出的选择行为在具体的情景中会遇到预测不到的偶然事件，为了达到特定的目标，教师个体需要对选择行为进行反省，继而做出再选择，直至达到目标。因此，任何教学策略都指向特定的问题情境、特定的教学内容、特定的教学目标，规定着师生

的教学行为。放之四海皆准的教学策略是不存在的。只有在具体的条件下，在特定的范畴中，教学策略才能发挥出它的价值。当完成了既定的任务，解决了想解决的问题，一个策略就达到了应用的目的，与其相应的手段、技巧不再继续有效，而必须探索新的策略。

（2）结构功能的整合性

教学过程是一个彼此之间相互联系、相互作用的整体，其中的任何一个子过程都会牵涉到其他过程。因此，在选择和制定教学策略时，必须统观教学的全过程，综合考虑其中的各要素。在此基础上对教学进程和师生相互作用方式做全面的安排，并能在实施过程中及时地反馈、调整。也就是说，教学策略不是某一单方面的教学谋划或措施，而是某一范畴内具体教学方式、措施等的优化组合、合理构建、和谐协同。

（3）策略制定的可操作性

任何教学策略都是针对教学目标的每一具体要求而制定的，具有与之相对应的方法、技术和实施程序，它要转化为教师与学生的具体行动。这就要求教学策略必须是可操作的。没有可操作性的教学策略是没有实际价值的。任何教学策略都应该是针对教学目标中的具体要求而形成的，具备相对应的方法技巧。从这个角度来说，教学策略就是达到教学目标的具体的实施计划或实施方案，并且可以转化为教师的外部动作，最终通过外部动作来达到教学目标。

（4）应用实施的灵活性

教学策略不是万能的，不存在一个能适应任何情况的教学策略。同时，教学策略与教学问题之间的关系也不是绝对的对应关系。同一策略可以解决不同的问题，对不同的学习群体也会产生不同的教学效果。

（5）教学策略的调控性

由于教学活动元认知过程的参与，教学策略具有可调控的特性。元认知表现为主体能够根据活动的要求，选择适当的解决问题的方法，监控认知活动的进程，不断取得和分析反馈信息，及时调控自己的认知过程，维持和修正解决问题的方法和手段。教学活动的元认知就是教师对自身的教学活动的自觉意识和自觉调节，教师能够根据对教学的进程及其各种要素的认识反思，及时把握教学过程中的各种信息，及时反馈和调整教学的进程及师生相互作用的方式，推进教学的展开，向教学目标迈进。

（6）策略制定的层次性

教学具有不同的层次，加涅把教学分为课程级、科目级、单元级和要案级四种水平。不同的教学层次就有不同的达到教学目的的手段和方法，也就有不同的教学策略。另外，不同层次的教学策略之间，尤其是相邻层次的教学策略之间是相互联系的，高一层次的策略可分解为低一层次的教学策略，指导和规范低一层次的教学策略。

3.教学策略的分类

教学策略的分类方法是多种多样的,大致有:先行组织者教学策略、启发式教学策略、合作学习教学策略、支架式教学策略、抛锚式教学策略,以及情境教学策略、动机教学策略、竞争策略、自主学习教学策略等。下面重点介绍前面五种与技术课程较为相关的教学策略。

（1）先行组织者教学策略

奥苏贝尔认为,能促进有意义学习的发生和保持最有效的策略,是利用适当的引导性材料对当前所学新内容加以定向与引导。这类引导性材料与当前所学新内容（新概念、新命题、新知识）之间在包容性、概括性和抽象性等方面符合认知同化理论要求,即便于建立新旧知识之间的联系,从而能对新学习内容起到固定、吸收作用。这种引导性材料就称为组织者。由于这种组织者通常是在介绍当前学习内容之前呈现,帮助学习者建立健全有意义学习的心向,所以又被称为先行组织者。由于原有观念和新观念之间有类属关系、总括关系和并列关系,因此先行组织者也可以分成三类:上位组织者、下位组织者和并列组织者。

提供先行组织者的目的就在于用先前学过的材料去解释、整合和联系当前学习任务中的材料（并帮助学习者区分新材料和以前学过的材料）。奥苏贝尔还认为每一门学科都有一个按层次排列的概念结构,高层次是一些抽象概念,较低层次是一些较具体的观念。对于学生来说,这些概念不仅可以用来分析具体领域,还可成为解决这些领域诸多问题的"智力地图"（intellectual map）。人的大脑也具有与上述学科的概念结构相类似的信息储存系统,也是一个按照层次组织的概念体系（即通常所说的认知结构）,它为信息和概念的学习提供了"固着点"（anchors）,并成为这些信息和概念的储存库。所以,教材的组织形式（教材结构）与人们在头脑中组织知识的形式（认知结构）应该是一致的。

先行组织者教学策略的教学过程主要由三个阶段组成,其具体内容如表3-6所示:

表3-6　先行组织者教学策略教学过程

教学过程		教学活动
阶段1	呈现先行组织者	阐明本课的目的,呈现作为先行组织者的概念:确认正在阐明的属性;给出例子;提供上下文使学习者意识到相关的知识和经验
阶段2	呈现学习任务和材料	使知识的结构显而易见,使学习材料的逻辑顺序外显化,保持注意,呈现材料,演讲、讨论、放电影、做实验和阅读有关的材料
阶段3	扩充与完善认知结构	使用整合协调的原则,促进积极的接受学习,提示新、旧概念（或新、旧知识）之间的关联

（2）启发式教学策略

适时适度的启发是教师发挥主导作用的一个重要体现。孔子的"不愤不启,不悱不发"是对启发策略的高度概括,也是最科学、最天才的概括。按照宋代朱熹的解释:"愤者，心求通而未得之意；悱者，口欲言而未能之貌；启，谓开其意，发，谓达其辞。"可见，愤就是学生对某一问题正在积极思考，急于解决而又尚未搞通时的心理状态，这时教师应对学生思考问题的方法适时给以指导，以帮助学生开启思路，这就是启。悱是学生对某一问题已经有一段时间的思考，但尚未考虑成熟，处于想说又难以表达的另一种矛盾心理状态。这时教师应帮助学生明确思路，弄清事物的本质属性，然后用比较准确的语言表达出来，这就是发。

启发策略成败的关键词有两个：时机（何时给学生以指导）和方法（采用什么样的方法）。在教学应用时，教师应遵循以下原则：

①重视学生思维过程中的矛盾，把握学生愤和悱的状态和时机，同时对学生的困惑给予高度的重视，考虑其产生的根本原因。

②因材施教。学生可能表现出同样的问题表征，但是不同学生的疑惑却不同，因此教师应根据不同学生的困惑，从其根本上给予有针对性的指导，体现因材施教的原则。

③把握启发的度。无论是启还是发，都是教师力求进一步推进学生的思考过程而对其进行的指导和点拨，因此，教师不能直接告诉学生问题的解决办法或答案。

（3）合作学习教学策略

常用的合作学习教学策略有课堂讨论、角色扮演、竞争、协同和伙伴等五种。而实际教学往往包含多种合作式教学策略。

课堂讨论策略：这种策略的运用要求整个合作学习过程均由教师组织引导，讨论的问题皆由教师提出。"课堂讨论"教学策略的设计通常有两种不同情况：一是学习的主题事先已知；二是学习的主题事先未知。多数的合作学习属于第一种情况，但是第二种情况在教学实践中也会经常遇到。例如中小学的语文课上，在多媒体网络教学环境下，让学生当堂进行看图作文或命题作文，然后在课堂的后半段利用多媒体网络教室进行全班性的评议交流就属于这种情况。因为在此情况下，事先只确定了一个目标——通过集体的评议交流来促进全班的作文学习，而具体的评议内容即学习主题在事先并不清楚。

角色扮演策略：每个人都有这样的经验——对某个问题给别人做了详细讲解之后，自己对该问题往往会有新的体会与理解。也就是说，在帮助别人学习的过程中，也能促进自己的学习。通常有两种不同形式的角色扮演：一是师生角色扮演；二是情境角色扮演。师生角色扮演就是让不同的学生分别扮演学习者和指导者的角色，学习者被要求解答问题，而指导者则检查学习者在解题过程中是否有错误。当学习者在解题过程中遇到困难时，指导者帮助学习者解决疑难。在学习过程中，他们所扮演的角色可以互换。让学生分别扮演指导者和学习者的前提是他们对学习问题有"知识上的差距"，怎样衡量和认识这种知识上的差距是运用这种教学策略的难点之一。情境角色扮演是要求若干个学生，按照与当前学习主题密切相关的情境分别扮演其中的不同角色，以便营造一种身临其境的气氛，使学生能设身处地去体验、理解学习的内容和学习主题的要求。

竞争策略：指两个或多个学习者针对同一学习内容或学习情境，进行竞争性学习，看谁能够首先达到教学目标的要求。由于学习者的竞争关系，学习者在学习过程中，会很自然地产生人类与生俱来的求胜本能，所以学习者在学习过程中会全神贯注，易于取得良好的学习效果。

协同策略：指多个学习者共同完成某个学习任务，在共同完成任务的过程中，学习者发挥各自的认知特点，相互争论、相互帮助、相互提示或者是进行分工合作。

伙伴策略：在现实生活中，学生们常常与自己熟识的同学一起做作业。没有问题时，大家各做各的，当遇到问题时，便相互讨论，从别人的思考中得到启发和帮助。伙伴学习策略与此类似，它可以使学生在学习过程中感觉到他并不是孤独的，而是有一位伙伴可以互相支持、互相帮助，当一方有问题时，他可以随时与另一方讨论。由于个人的思考范围有限，若在学习过程中能和伙伴相互交流、相互鼓励，可达到事半功倍的效果。

（4）支架式教学策略

支架式教学应当为学习者建构对知识的理解提供一种概念框架。这种框架中的概念是为发展学习者对问题的进一步理解所需要的，为此，事先要把复杂的学习任务加以分解，以便于把学习者的理解逐步引向深入。建构主义者正是从维果斯基的思想出发，借用建筑行业中使用的"脚手架"（Scaffolding）作为上述概念框架的形象化比喻，其实质是利用上述的"概念框架"作为学习过程中的脚手架。如上所述，这种框架中的概念是为发展学生对问题的进一步理解所需要的，也就是说，该框架应按照学生智力的"最近发展区"来建立，因而可通过这种脚手架的支撑作用（或曰"支架作用"）不停顿地把学生的智力从一个水平提升到另一个新的更高水平，真正做到使教学走在发展的前面。

支架式教学由以下几个环节组成：

①搭脚手架——围绕当前学习主题，按"最近发展区"的要求建立概念框架；

②进入情境——将学生引入一定的问题情境（概念框架中的某个节点）。

③独立探索——让学生独立探索。探索内容包括：确定与给定概念有关的各种属性，并将各种属性按其重要性大小顺序排列。探索开始时要先由教师启发引导（例如演示或介绍理解类似概念的过程），然后让学生自己去分析；探索过程中教师要适时提示，帮助学生沿概念框架逐步攀升。起初的引导、帮助可以多一些，以后逐渐减少——越来越多地放手让学生自己探索；最后要争取做到无须教师引导，学生自己能在概念框架中继续攀升。

④合作学习——进行小组协商、讨论。讨论的结果有可能使原来确定的、与当前所学概念有关的属性增加或减少，各种属性的排列次序也可能有所调整，并使原来多种意见相互矛盾且态度纷呈的复杂局面逐渐变得明朗、一致起来，在共享集体思维成果的基

础上达到对当前所学概念比较全面、正确的理解，即最终完成对所学知识的意义建构。

⑤效果评价——对学习效果的评价包括学生个人的自我评价和学习小组对个人的学习评价，评价内容包括：自主学习能力；对小组合作学习所做出的贡献；是否完成对所学知识的意义建构。

（5）抛锚式教学策略

这种教学要求建立在有感染力的真实事件或真实问题的基础上。确定这类真实事件或问题被形象地比喻为"抛锚"（Anchored Instruction），因为一旦这类事件或问题被确定了，整个教学内容和教学进程也就被确定了（就像轮船被锚固定一样）。建构主义者认为，学习者要想完成对所学知识的意义建构，即达到对该知识所反映事物的性质、规律以及该事物与其他事物之间联系的深刻理解，最好的办法是让学习者到现实世界的真实环境中去感受、去体验（即通过获取直接经验来学习），而不是仅仅聆听别人（例如教师）关于这种经验的介绍和讲解。由于抛锚式教学要以真实事例或问题为基础（作为"锚"），所以有时也被称为"实例式教学"或"基于问题的教学"。

抛锚式教学由这样几个环节组成：

①创设情境——使学习能在和现实情况基本一致或相类似的情境中发生。

②确定问题——在上述情境下，选择出与当前学习主题密切相关的真实性事件或问题作为学习的中心内容（让学生面临一个需要立即去解决的现实问题）。选出的事件或问题就是"锚"，这一环节的作用就是"抛锚"。

③自主学习——不是由教师直接告诉学生应当如何去解决面临的问题，而是由教师向学生提供解决该问题的有关线索（例如需要搜集哪一类资料、从何处获取有关的信息资料以及现实中专家解决类似问题的探索过程等），并要特别注意发展学生的"自主学习"能力。自主学习能力包括：①确定学习内容表的能力（学习内容表是指，为完成与给定问题有关的学习任务所需要的知识点清单）；②获取有关信息与资料的能力（知道从何处获取以及如何去获取所需的信息与资料）；③利用、评价有关信息与资料的能力。

④合作学习——讨论、交流，通过不同观点的交锋，补充、修正、加深每个学生对当前问题的理解。

⑤效果评价——由于抛锚式教学要求学生解决面临的现实问题，学习过程就是解决问题的过程，即由该过程可以直接反映出学生的学习效果。因此对这种教学效果的评价往往不需要进行独立于教学过程的专门测验，只需在学习过程中随时观察记录学生的表现即可。

二、辨析教学策略与教学模式、教学方法

1. 教学模式与教学策略的概念辨析

虽然有学者认为，教学模式规定着教学策略、教学方法，属于较高层次。教学策略比教学模式更详细、更具体，受到教学模式的制约，但在北美，教学策略有时可作为教学模式的同义词。这是两种不同的认识。

而我们认为，把教学策略作为教学模式的同义词是不妥当的，这样做完全抹杀了两者之间的区别；而仅从教学策略比教学模式更详细、更具体，就得出教学模式规定教学策略的结论也是以偏概全的。

二者之间的确有很多联系，例如教学模式与教学策略都是教学规律、教学原理的具体化，具有一定的可操作性；但二者的区别主要在于：教学模式是相对稳定的、可供参照的一系列教学行为的组合，而教学策略尽管也以一整套的教学行为作为表征形式，但其本身是灵活多变的，不具有相对固定的属性。在教学活动中，对各种教学模式有选择地进行使用，就可视为是教学策略的一种体现。两者之间的另一个区别在于：教学模式有一定的逻辑线索可以依据，它指向于整个教学过程；而教学策略的结构性却显得不足，而且它往往比较明显地指向单个的教学行为。

2. 教学方法与教学策略的概念辨析

教学方法是指"为了完成一定的教学目的和任务，师生在共同活动中所采用的方式、手段。既包括教的方法，也包括学的方法，是教法与学法的统一"。根据教学过程中学生认知活动的特点，教学方法可分为讲解演示法、复现法、问题性讲述法、局部探索法和研究法等。根据学生思维形式的特点，教学方法可分为归纳法和演绎法。根据某教学阶段所要实现的基本教学任务，教学方法可分为获取知识的方法、形成技能技巧的方法、运用知识的方法、创造性活动的方法、巩固的方法和检查知识技能的方法等。

教学策略是指"在不同的教学条件下，为达到不同的教学结果所采用的方式、方法、媒体的总和"。教学策略有许多不同的类型。瑞奇鲁斯将教学策略分为组织策略、传递策略、管理策略三类，这是针对传授型教学系统的。袁振国将教学策略分为内容型、形式型、方法型以及综合型。

教学方法是最为具体的、最具有可操作性的，在某种程度上也可以看作是教学策略的具体化。但这并不能充分地说明教学方法就受制于教学策略。一种教学方法的成形和使用不可避免地会受到教师的教学策略的影响，但更多地受制于教学原则的指导、教学实践的检验。可以这么说，一种教学方法是在教学原则的指导下，在总结教学实践经验的基础上形成的；而在具体的教学情境下该使用何种教学方法，该如何来组合教学方法服务于教学目标，就涉及了教学策略的层面。

教学模式、策略、方法的关系如图 3-1 所示。

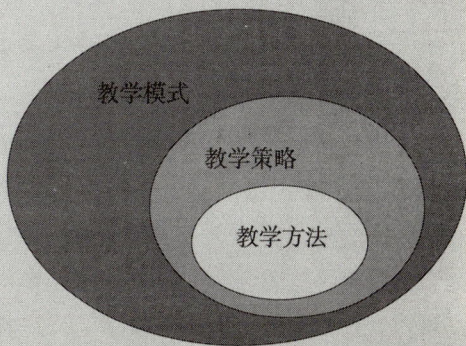

图 3-1　教学模式、策略、方法关系图

三、较为常见的教学策略

1.情境教学策略

教学应该在和真实情境相类似的环境中发生，在真实情境中的学习，可以在提高学生学习的参与度、促进其对所学内容意义建构的同时，减少知识与所解决问题之间的差距，提高学生知识迁移的能力。但是，在不同的教学活动进程中，情境的作用不同，主要可分为两类：动机激发和学习情境。

为动机激发进行的情境创设，一般用于一堂课的开始或活动的开始，通过多媒体计算机的视音频功能创设逼真、吸引人的情境，引起学生的兴趣和关注。为学习进行的情境创设，应根据教学的需要设计具体化的教学情境、学习情境、问题情境，将对现实生活经过抽象和提炼的教科书知识，通过情境的设计，还原知识的背景，恢复其原来的生动性和丰富性。

学习情境的创设有三个要素。第一是学习情境的上下文或背景：描述问题产生的背景（与问题有关的各种因素，如自然、社会文化及背景的组织管理等）有利于控制、定义问题，可利用多媒体计算机完成。第二是学习情境的表述及模拟：具有吸引力的表征（虚拟现实、高质量视频），它要为学习者提供一个真实、富有挑战的上下文背景，学习者在学习过程中自然会遇到各种锻炼机会。第三是学习情境的操作空间：为不密闭情况下感知真实问题提供所需要的工具、符号，如虚拟实验室、讨论组、聊天室、邮件列表等，使学习者可以对情境问题进行不同的操作和交流。

设计学习情境时要注意，不同学科对情境创设的要求不同：内容具有严谨结构的学科，如理工类学习，要求创设有丰富资源的学习情境，其中应包含许多不同情境的应用实例和有关的信息资料，以便学习者根据自己的学习兴趣、爱好去主动发现，主动探索；内容不具有严谨结构的学科，如语文、英语等，要求创设接受真实情境的学习情境，在该环境下应能仿真实际情境，从而激发学习者参与交互式学习的积极性，在交互过程中完成对问题的理解、知识的应用和意义的建构。

学习任务与真实学习情境必须相互融合，不能处于分离或勉强合成的状态，学习情境要能够以自然的方式呈现学习任务所要解决的矛盾和问题。

2.动机教学策略

学习动机是学生内在的学习需要。奥苏贝尔认为，动机能使学习者在"集中注意""加强努力""学习持久性""挫折忍受力"等方面发挥出更大潜能，使其加强新旧知识的相互作用，有效地促进有意义学习的发生和对所学知识的保持。此外，动机可以影响对知识的提取（回忆）。因此，如何在教学中发挥教师的主导作用，引发学生的内在的学习动机，是教学的重点所在。

奥苏贝尔认为，动机由"认知内驱力、自我提高内驱力和附属内驱力"三种成分组成。

要引发学生的动机，就应该从三方面着手，主要措施有以下几方面：

①通过学习目的教育，使学生认识到学习的意义。

②唤起学生的认知兴趣，引起学生对学习的需要和兴趣。

③提高学生的志向水平，对自己的奋斗目标持有较稳定的抱负和期望。

④教学内容与方法的新颖，引起学生的学习和探究欲望。

⑤注意情感的交流。一个学生如果对某教师有感情，就会对该教师所教的学科感兴趣。教师除了应该在课堂上注意和学生情感的交流，课下也应该通过电子邮件、讨论工具等来加强和学生的交流。

⑥注意评估、反馈和奖励的频率。教师应经常给学生反馈和鼓励，使学生尽力而为。小的、经常性的鼓励比大的但极少的奖励更有诱因价值。

⑦使所有的学生都有得到奖励的可能。教师应把奖励的重点放在学生的努力上，而不放在学生的能力上，尽量使所有的学生都能得到奖励，但是又不能使学生感到不费吹灰之力就能得到奖励。

⑧避免对学生进行具有威胁性的考试和竞争，避免打击其自尊心，使其产生焦虑情绪等。

3. 自主学习教学策略

自主学习策略的核心是要发挥学生学习的主动性、积极性，充分体现学生的认知主体作用，其着眼点是如何帮助学生"学"。因此这类教学策略的具体形式虽然多种多样，但始终有一条主线贯穿始终，这就是"自主探索、自主发现"。所以，通常也把这类教学策略称为"自主学习策略"或是"发现式"教学策略。基本过程是让学生通过对具体事例的归纳来获得一般法则，并用它来解决新的问题。其大致步骤包括：

①问题情境：教师设置问题情境，提供有助于形成概括结论的实例，让学生对现象进行观察分析，逐渐缩小观察范围，将注意力集中在某些要点上。

②假设 - 检验：让学生提出假说，并加以验证，得出概括性结论。通过分析、比较，对各种信息进行转换和组合，以形成假说。而后通过思考讨论，以事实为依据对假说进行检验和修正，直至得到正确的结论，并对自己的发现过程进行反思和概括。

③整合与应用：将新发现的知识与原有知识联系起来，纳入认知结构的适当位置。运用新知识解决有关的问题，促进知识的巩固和灵活迁移。

模块4　教学组织方式有效

学习目标

- 知道《检核标准》对"教学组织方式有效"的层次要求。
- 知道小组合作的基本内涵,归纳小组合作的基本要素,明确小组合作的重要意义。
- 掌握小组合作教学方式中恰当分组、有效分工、控制时间等技能,实现每个学生积极参与学习活动的效果。
- 关注学生参与过程,能对活动过程中出现的问题进行恰当处理。

一、问题提出

▶▶ **活动一　热身**

古老故事的新编:"一个和尚挑水喝,两个和尚抬水喝,三个和尚没水喝"。由于风干物燥,老鼠横行,引起了一场大火,三个和尚你推我搡地到山下去取水灭火。瘦高和尚见小和尚个子小跑得慢,就主动承担了挑水的任务。经过一番努力,大火终于被扑灭了。在那之后,他们在山上架起了辘轳,胖和尚在山下将装满水的桶挂在钩子上,小和尚转动手柄将桶提上山,再由瘦和尚提进庙里。挑水的问题就这样解决了。

①三个和尚在一起遇到了什么问题?

_____

②为什么故事的最后他们可以平息挑水的风波呢?

_____

③请说明此故事的寓意。

_____

_____

▶▶ 活动二　前测

　　构成合作学习的基本要素是指任何一个合作学习都必须具有的要素，不管合作学习的具体方式、方法如何，离开这些基本要素，就不称其为合作学习。这些基本要素是合作学习区别于其他教学活动的特定品质。例如：当学生做作业时，让他们坐在一起相互交谈；给每个学生布置任务，并让那些先完成的学生去帮助那些未完成的学生；给每个小组布置一份报告，由一个学生完成这项工作，而其他人只在上面签个名字；等等。这些做法都不是真正意义上的合作学习。

　　请你分析一下合作学习的教学组织方式都需要具备哪些要素？＿＿＿＿＿＿＿

＿＿＿＿＿＿＿＿＿＿＿＿＿＿＿＿＿＿＿＿＿＿＿＿＿＿＿＿＿＿＿＿＿＿＿＿＿

　　通过参与合作学习，学生可以从以下几个方面获得益处：①提高学习成绩；②在学习中更加主动；③激发学习热情；④增强对学习的责任感；⑤增强协同合作的能力；⑥提高发散思维的能力；⑦为教师提供更多的观察和评价学生学习的机会等。合作学习十分重视学生在学习过程中获得的快乐，满足学生的心理需要，对于当今的教学改革无疑具有十分重要的启发和引导作用。

二、标准解读（见表 4-1）

表 4-1　《检核标准》中关于"教学组织方式有效"能力要点的检核标准

能力要点	合　格	良　好	优　秀
教学组织方式有效	能够根据学习需要和特定学生情况，组织同位交流、小组合作、全班讨论等活动	组织活动时能够掌握恰当分组、有效分工、控制时间等技能	能够调动每个学生参与活动的积极性，并对活动过程中出现的问题进行恰当处理

三、名词解释

1. 学习需要

　　学习需要是学生追求学业成就的心理倾向，是社会、学校和家庭对学生的客观要求在学生头脑中的主观反映。学习需要是学习动机产生的基础，是激发学生进行各种学习活动的内部激活动力（即内驱力）。

　　学习需要是学习者目前水平与期望学习者达到的水平之间的差距。学习需要并不等同于学习动机。需要本身是主体意识到缺乏状态，但这种缺乏状态在没有诱因出现时，只是一种静止的、潜在的动机，表现为一种愿望、意向；只有当诱因出现时，需要才能被激活，而成为内驱力驱使个体去趋向或接近目标，这时需要才能被转化为动机。有了学习需要不一定就能产生学习动机。研究学习需要的最终目的就是要最大限度地激发学习者的学习动机。（《学习者个体的学习需要分析研究》）

2．同位交流

同位交流方法，老师提出问题，同位（或两人一组）进行交流，一人听，一人讲，两人在一起，容易听见对方的发言，有利于坦诚交流，形成相互尊重相互帮助的关系，课堂上，老师可以用："同学们，请把你们的想法先与同桌交流一下。"引导学生同位交流。

3．小组合作

合作学习是学生在教师组织下的以共同目标为学习追求，以学习小组为基本单位，以合作交流为基本特征，具有明确个人责任的互助学习活动。

基本做法是将全班学生依其学业水平、能力倾向、个性特征、性别乃至社会家庭背景等方面的差异组成若干个异质学习小组（每组 3~6 人）。小组成员不仅要努力争取个人目标的实现，更要帮助小组同伴实现目标。通过相互合作，小组成员共同达到学习的预期目标。小组合作学习将班组授课制条件下学生个体间的学习竞争关系改变为"组内合作""组际竞争"的关系；将传统教学与师生之间单向或双向交流改变为师生、生生之间的多向交流，不仅提高了学生学习的主动性和对学习的自我控制，提高了教学效率，也促进了学生间良好的人际合作关系，促进了学生心理品质发展和社会技能的进步。

4．讨论

讨论，指就某一问题交换意见或进行辩论。讨论是根据教学的需要，在教师的精心准备和指导下，为实现一定的教学目标，通过预先的设计与组织，启发学生就特定问题发表自己的见解，以获取知识的方法，从而培养学生的独立思考能力和创新精神。讨论式教学的环节大致包括：设计问题、提供资料、启发思路、得出结论。

5．恰当分组

老师分组要根据学生的实际自身条件来安排。每个人都有不同的特点和优缺点，这就要求老师在安排分组时应尽可能地根据每个学生的不同情况来进行分组，也就是说老师可以把不同人的性格和优缺点了解后再具体分组。比如说让优缺点互补的几个同学在一个小组，尽量达到整个小组的最优性。这样的安排才能更好地发挥每个人的特长，有利于学生之间更好地合作学习，对班上的每个小组进行合理分组也体现分组的公平性。

分组时应遵循"组内异质，组间同质"的原则。根据学生的组内差异情况把它称作"异质型合作小组"。

6．有效分工

小组可以制定出一套合理规范的合作规则，这样才能分工明确，让每个人都明白自己的职责。比如，规定每个小组必须选出一个小组长，小组长必须要认真负责、领导和协调能力强，还可以选出一名汇报员，负责汇报小组讨论后的结果，安排一个记录员，负责小组交流讨论过程中的方案和重要内容等，其他的成员负责自己被分配的任务。这样的规定才能让小组合作有序，充分发扬小组合作精神，高效地完成每一次任务。

7. 控制时间

合理地安排合作时间，确保课堂时间的最佳利用率。这就要求老师在安排合作学习时，根据教学任务和学生的情况还有教学条件等方面来选择恰当的时间。老师在备课时就要认真设计学生要讨论的问题，并且问题一定要带有挑战性，能够激发学生的兴趣。还有在安排合作时间的时候，要包括发表观点和互相争辩的时间，真正让学生利用好合作学习的机会，从课堂讨论或实践中收获到知识。

▶▶ **活动三　讨论与交流**

结合以上内容的学习，小组内互相交流、讨论，归纳出通用技术或劳动技术学科的合作学习应具备哪些基本要素。

_____

_____

_____

《《案例分析

案例1

通用技术

苏教版必修教材《技术与设计1》第五章《方案的构思及其方法》的第一节《方案的构思方法》。

还有一个月就是新年了，本节课教师布置给学生的任务是为老师设计一个表达感谢的礼物。在本节课中，为了调动学生的学习积极性，在短时间内激发学生的创意，教师通过组织学生进行多种形式的合作学习完成教学，包括进行设计分析，并给出设计方案的构思。

1. 合格

（1）示例

首先，教师提出："同学们，设计这样的礼物需要考虑哪些因素呢？大家可以先和周围的同学讨论一下。"于是，在学生的讨论中陆续指出了礼物要实用、美观，成本不能过高，需要能够在技术实验室中设计并制作等。教师对学生的回答进行总结，并将这些因素归纳为从"物、人、环境"三个方面进行的设计分析。下面全班首先以头脑风暴的方法讨论可能的设计创意,提出了包括收纳盒、笔筒、台灯、手机支架、书架等多种方案。接下来,教师让4~6名学生分成一组,分组确定设计主题,将设计方案用草图表达出来,并确定需要使用的材料。在明确任务之后,学生们开始进行小组讨论。最后,各小组的代表汇报讨论出的设计方案。教师与其他同学认真倾听,并一起讨论评价,分析各设计方案的优缺点。

(2)评析

案例中的选题是学生自己提出来的,很容易把学生带入讨论中来,从而进行积极的思考。教师根据课程中设计分析和方案构思的需要,在各个环节中分别使用了不同形式的讨论,包括同位交流、全班范围内的头脑风暴和小组合作确定设计方案。课堂营造出一种自由畅想的氛围,大家相互影响,从而促使学生展开想象,在短时间内产生大量设想,并进一步将小组的设计构思以草图表达出来。

2.良好

(1)示例

在分组讨论前,教师首先提出小组学习的具体要求。具体包括:①根据进行的设计项目主题进行分组,还要考虑小组成员间要实现相互补充;②分组后选出小组长来协调组内讨论内容和时间进度,在规定时间内完成任务;③每个人都要积极参与到方案讨论中。学生们在明确要求后就进入讨论。这时教师看到三个平时做事不认真的男生结合在了一个组中,担心他们不用心讨论,就把他们与另几个踏实文静的女生们进行了重新组合。在学生们讨论的过程中,教师走在各组中间,认真观察他们讨论的情况,并细心聆听各位学生发言的情况及讨论的进度。在一个小组中,一位内向的女生坐在那里一言不发,完全没有参与到小组讨论中,教师知道这位同学画画很好,就引导小组进行重新分工,让这名女同学负责根据大家的讨论用设计草图表达出来,并思考如何让设计更加美观,终于让她参与其中并充分发挥了自己的特长。组内的其他同学也在草图的帮助下找出当前方案的不足并不断改进。15分钟后,各小组的代表分享组内讨论的过程,汇报讨论出的设计方案,展示方案草图。教师与其他同学认真倾听,并一起讨论补充并评价分析各设计方案的优缺点。

(2)评析

本案例在小组讨论环节根据前期提出的方案主题进行分组,兴趣点相同的学生共同研究同一主题的设计方案,更利于积极地参与到讨论中来。引导学生进行异质分组,可以实现相互补充。分组后,教师帮助各组选出小组长,协助本组同学组织讨论内容和时间进度,避免进入无序的讨论状态。在教师认真聆听各组讨论情况时,发现有学生没有参与到讨论中,及时加以引导和提醒,帮助小组重新分工,让某方面能力略差的学生能够建立正确的自我认知,将自身特长在小组中发挥出来。

3. 优秀

（1）示例

在学生们讨论的过程中，教师走在各组中间，认真观察他们讨论的情况，并细心聆听各位学生发言的情况。在一个小组中，有同学要设计一个流线造型的笔筒，而另外一名同学则认为利用常用的三合板等材料无法实现，进而发生争执。这时，教师走到该小组中，引导学生分析存在的问题，进而讨论解决方法。经过不断修正，最终学生们提出通过切片拼接的方法可以近似地完成流线造型的设计，争执的问题得到了解决。最后是学生展示设计方案并进行评价的阶段。15分钟后，各小组的代表分享组内讨论的过程，汇报讨论出的设计方案，展示方案草图。教师与其他同学认真倾听，并一起讨论补充并评价。在评价环节中，首先分析设计方案在创新、实用、美观、经济、制作难度等几个方面的优劣，对优点和存在的问题及时总结。除此之外，教师还组织学生对小组合作情况进行了自评和组内互评，填写关于设计方案和合作情况的评价表，总结本组在合作过程中的亮点。当教师听到某位平时不认真完成任务的学生在方案讨论中给出了一个建设性的建议时，及时给以肯定和表扬，鼓励他在后面的制作过程中，努力将他的创意转变为作品。经过接下来三节课的制作，同学们在新年前将作品完成，摆到了各位老师的办公桌上。

类别	评价项目	评价等级		
		A	B	C
设计方案	1.造型美观			
	2.成本不高，材料易于获得			
	3.制作难度适中，能够在技术实验室中完成			
	4.设计有一定创意			
合作情况	1.形成小组领导力，有明确分工			
	2.在规定时间内完成任务			
	3.每个成员积极参与			

（2）评析

本案例中教师在小组讨论的过程中认真聆听，及时发现小组活动中出现的问题并介入引导。可能有的学生提出的思路多数人接受不了，即使这样也不要把他的设计思路全部否定，引导学生分析组内分歧所在，不断进行修正，这样的设计很可能在修正后获得耳目一新的结果。在评价环节中，教师不是只关注设计方案，还对小组合作情况进行评定。关于合作情况的小组内互评包括哪些组员的活动有益与无益，哪些活动可以继续或需要改进的，有利于提高小组在达成共同目标中的有效性。通过评价表中关于合作情况的评价点引领学生关注小组学习中需要注意的因素，这使学生对自己的参与情况有所了解，学习了合作技能，也为强化小组成员的积极行为和小组的成功提供了手段。

▌▌案例2

劳动技术

"个性钟表的设计与制作"课程中的设计环节。

说明：此环节教学重点是设计出曲线的外形、个性的图案、实用的表盘和稳定的支架。

1. 合格

（1）示例

教师活动	学生活动
一、合理分组 教师依照学生座位就近原则进行4人小组分配。	学生以小组为单位，在学案引领的前提下，通过合作、讨论、绘图等方法解决问题，逐步完成个性钟表的设计任务。 学案内容： 1. 依据钟表主题，曲线轮廓要求，确定表盘图案，绘制草图。
二、作品引入 教师向学生展示以前学生完成的钟表样品，引导学生欣赏个性钟表外观，细心观察钟表组成部分及组装方式，开拓思路，为设计钟表做准备。	2. 观察表针与机芯，标记出相应尺寸。 最长表针： 机芯尺寸（长×宽）： 组内讨论一：保障表盘能够平托最长表针并遮盖住机芯，表盘最小尺寸应不小于多少？
三、主题认领 教师宣布钟表主题任务，由小组讨论认领其中一个主题任务。 钟表主题： 1. 春夏秋冬四季； 2. 花鸟鱼虫四物； 3. 琴棋书画四艺。	3. 观察板材，标记出相应尺寸。 板材尺寸（长×宽）： 组内讨论二：遵循节约材料原则，充分利用板材，表盘最大尺寸应不大于多少？ 4. 观察钟表样品，确定支架。 支架材料（建议使用废旧材料） 支架尺寸： 支架位置（画简图示意）
四、设计指导 教师设计学案内容，指导学生参与小组合作的设计活动，完成钟表设计任务。	组内讨论三：组内互查支架位置示意图，判定是否合理可行，并简要说明原因。 5. 参考以上分析结果，确认表盘图案、尺寸、支架等相关信息，绘制出钟表制作图。 6. 组内互评制作图。 组内讨论四：依据钟表实用功能查找问题并对制作图进行改进。
五、图纸展示 教师引导小组推出最富有创意的、最美观的钟表制作图，进行展评学习。	7. 回顾学习过程，梳理设计流程。 组内讨论五：列举钟表设计要素，梳理设计流程。

续表

教师活动	学生活动
六、小组评价 教师指导学生进行组内和组间的互相评价。	展示学习成果，相互促进。 评价表 下列详见评价表

评价表：

项目	合作状态	设计绘制水平	推荐
评价标准	优（0.5）：积极组织，主动参与；良（0.3）：主动参与；合格（0.1）：被动参与	优（0.5）：图案美观，尺寸恰当，支架合理；良（0.3）：图案切题，尺寸恰当；合格（0.1）：图案切题	填写班内优秀设计作品作者姓名
自评			
组评			
合计			

（2）评析

教师依据座位就近原则对学生进行了分组，小组讨论选定设计主题，学生依据设计主题及学案要求，通过合作、讨论、绘图等方法解决问题，逐步合作完成了个性钟表的设计任务，并进行了小组评价，体现了小组合作形式。

2.良好

（1）示例

教师活动	学生活动
一、合理分组（课前准备） 教师依照学生劳技课程平时课堂反馈的技术实践技能水平差异进行4人前期分组，与学生进行沟通，考虑学生具体情况，进行微调，安排座位。 二、作品引入 教师向学生展示以前学生完成的钟表样品，引导学生欣赏个性钟表外观，细心观察钟表组成部分及组装方式，开拓思路，为设计钟表做准备。	学生以小组为单位，在学案引领的前提下，通过合作、讨论、绘图等方法解决问题，逐步完成个性钟表的设计任务。 学案内容： 组长：_____ 负责组织全员参与合作，关注时间进度。 组员：_____ 负责相应论题的主持与完成。 1.依据钟表主题，曲线轮廓要求，确定表盘图案，绘制草图。 （用时5分钟）负责人：_____ 2.观察表针与机芯，标记相应尺寸（用时3分钟）。 负责人：_____ 最长表针： 机芯尺寸（长×宽）： 组内讨论一：保障表盘能够平托最长表针并遮盖住机芯，表盘最小尺寸应不小于多少？

教师活动	学生活动
三、主题认领 　教师宣布钟表主题任务，由小组讨论认领其中一个主题任务。 　钟表主题： 　1. 春夏秋冬四季； 　2. 花鸟鱼虫四物； 　3. 琴棋书画四艺。 四、设计指导 　教师设计学案内容，指导学生参与小组合作的设计活动，完成钟表设计任务。 五、图纸展示 　教师引导小组推出最富有创意的、最美观的钟表制作图，进行展评学习。 六、小组评价 　教师指导学生进行组内和组间的互相评价。	3. 观察板材，标记相应尺寸（用时 3 分钟）。 　负责人：_____ 　板材尺寸（长×宽）： 　组内讨论二：遵循节约材料原则，充分利用板材，表盘最大尺寸应不大于多少？ 　4. 观察钟表样品，确定支架（用时 5 分钟）。 　负责人：_____ 　支架材料（建议使用废旧材料） 　支架尺寸： 　支架位置（画简图示意） 　组内讨论三：组内互查支架位置示意图，判定是否合理可行，并简要说明原因。 　5. 参考以上分析结果，确认表盘图案、尺寸、支架等相关信息，绘制钟表制作图。（用时 5 分钟）。负责人：_____ 　6. 组内互评制作图（用时 5 分钟）。负责人：_____ 　组内讨论四：依据钟表实用功能，查找问题，对制作图进行改进。 　7. 回顾学习过程，梳理设计流程（用时 4 分钟）。 　负责人：_____ 　组内讨论五：列举钟表设计要素，梳理设计流程。 　展示学习成果，相互促进。 　评价表

项目	合作状态	设计绘制水平	推荐
评价标准	优（0.5）：积极组织，主动参与；良（0.3）：主动参与；合格（0.1）：被动参与	优（0.5）：图案美观，尺寸恰当，支架合理；良（0.3）：图案切题，尺寸恰当；合格（0.1）：图案切题	填写班内优秀设计作品作者姓名
自评			
组评			
合计			

（2）评析

　　教师依照学生在劳技课程课堂反馈的技术实践技能水平差异进行了相应的分组，并尊重学生意愿进行适当微调，小组讨论选定设计主题，并参照学案中的设计流程、责任分工和时间控制等要求，通过合作、讨论、绘图等方法解决了问题，逐步合作完成了个性钟表的设计任务，并进行了小组评价，落实了具体、恰当的小组合作形式。

3.优秀

（1）示例

教师活动	学生活动
一、合理分组（课前准备） 教师依照学生劳技课程平时课堂反馈的技术实践技能水平差异进行 4 人前期分组，与学生进行沟通，考虑学生具体情况，进行微调，安排座位。	学生以小组为单位，在学案引领的前提下，通过合作、讨论、绘图等方法解决问题，逐步完成个性钟表的设计任务。 学案内容： 组长：＿＿＿＿＿＿＿＿ 负责组织全员参与合作，关注时间进度。 组员：＿＿＿＿＿＿＿＿＿＿ 负责相应论题的主持与完成。 1.依据钟表主题，曲线轮廓要求，确定表盘图案，绘制草图（用时 5 分钟）。负责人：＿＿＿＿＿＿＿＿
二、作品引入 教师向学生展示以前学生完成的钟表样品，引导学生欣赏个性钟表外观，细心观察钟表组成部分及组装方式，开拓思路，为设计钟表做准备。	2.观察表针与机芯，标记相应尺寸（用时 3 分钟）。 负责人：＿＿＿＿＿＿＿＿ 最长表针： 机芯尺寸（长 × 宽）： 组内讨论一：保障表盘能够平托最长表针并遮盖住机芯，表盘最小尺寸应不小于多少？
三、主题认领 教师宣布钟表主题任务，由小组讨论认领其中一个主题任务。 钟表主题： 1.春夏秋冬四季； 2.花鸟鱼虫四物； 3.琴棋书画四艺。	3.观察板材，标记相应尺寸（用时 3 分钟）。 负责人：＿＿＿＿＿＿＿＿ 板材尺寸（长 × 宽）： 组内讨论二：遵循节约材料原则，充分利用板材，表盘最大尺寸应不大于多少？
四、设计指导 教师设计学案内容，指导学生参与小组合作的设计活动，完成钟表设计任务。	4.观察钟表样品，确定支架（用时 5 分钟） 负责人：＿＿＿＿＿＿＿＿ 支架材料（建议使用废旧材料）： 支架尺寸： 支架位置（画简图示意） 组内讨论三：组内互查支架位置示意图，判定是否合理可行，并简要说明原因。
教师观察学生合作状况，及时给予指导和协调。 情况一：时间控制不到位； 情况二：负责人工作不认真； 情况三：组长工作不主动； 情况四：任务进行不顺利…… 五、图纸展示 教师引导小组推出最富有创意的、最美观的钟表制作图，进行展评学习。	5.参考以上分析结果，确认表盘图案、尺寸、支架等相关信息，绘制钟表制作图。（用时 5 分钟）负责人：＿＿＿＿＿＿ 6.组内互评制作图。（用时 5 分钟）负责人：＿＿＿＿＿＿ 组内讨论四：依据钟表实用功能，查找问题，对制作图进行改进。 7.回顾学习过程，梳理设计流程。（用时 4 分钟） 负责人：＿＿＿＿＿＿ 组内讨论五：列举钟表设计要素，梳理设计流程。

教师活动	学生活动			
六、小组评价 教师指导学生进行组内和组间的互相评价。	展示学习，相互促进。 评价表			
	项目	合作状态	设计绘制水平	推荐
	评价标准	优（0.5）：积极组织，主动参与；良（0.3）：主动参与；合格（0.1）：被动参与	优（0.5）：图案美观，尺寸恰当，支架合理；良（0.3）：图案切题，尺寸恰当；合格（0.1）：图案切题	填写班内优秀设计作品作者姓名
	自评			
	组评			
	合计			
课后反思	教师在巡视指导过程中，发现有一个同学李某闲坐一旁，没有融入小组活动中，便走到该小组旁边进行询问，原来是该同学不善于与其他同学主动沟通、交流，组内其他同学也忽略了他，为此，教师与全组同学一起讨论学习内容，分配给适合他性格特点的量表针、机芯、板材的具体任务，使他也参与到了合作学习中，达到小组同学有效分工共同完成任务的目的			

（2）评析

　　教师依照学生在劳技课程课堂反馈的技术实践技能水平差异进行了相应的分组，小组讨论选定设计主题，并参照学案中的设计流程、责任分工和时间控制等要求，通过合作、讨论、绘图等方法解决了问题，逐步合作完成了个性钟表的设计任务，并进行了小组评价，教师着重观察小组合作状态，对突发问题做了预先分析和课中指导与协调，充分关注了全体学生积极参与课堂的情况，落实了适宜的小组合作形式。

四、技能训练

　　合作学习作为一种具体的教学组织技术，绝不是一种简单的教学形式，学生的课堂合作究竟应该如何组织和引导，有许多值得研究的地方。在很多课堂上，学生的课堂活动看起来是有组织的，但学生彼此之间未必有合作行为的发生，很多情况下，学生只是分组坐着，课堂学习活动仍然彼此独立。在缺乏真正合作的课堂上，你会看到一种表面的热闹——学生们七嘴八舌地表述着各自的意见，发言的依旧是那些积极的学生，部分学生几乎处于一种无所事事、无话可说的状态。

　　合作学习的课堂究竟应该如何操作呢？下面就请大家试一试吧！

▶▶ 活动四　能力训练

　　为了小组内所选课题内容具备可比性，请组长组织小组成员根据每个人对技术课程的熟悉程度，结合教学目标、学生学习内容和学生具体情况等实际问题，从下表中勾选一个课题着重于教学组织方式中小组合作形式进行设计实践。

学　科	课　题	勾　选
劳动技术	1. 直线锯割技术实践	
	2. 多功能笔筒设计	
通用技术	1. 草图表达设计构思	
	2. 稳固结构的探析	

①请您说明选择该课题进行合作学习的必要性。

_____

_____

_____

②请您设计一套该课题的教学实施环节，注意突出小组合作的学习方式。

教师活动	学生活动

③您认为您设计的教学环节依据《检核标准》，应属于：合格、良好、还是优秀层次？

_____

③请在小组内进行交流，倾听同伴的建议，记录小组成员对您的设计提出的闪光点和不足之处。

_____

⑤针对您的设计，依据《检核标准》，小组给出怎样的层次等级？

_____

⑥欣赏小组内他人的设计，记录其闪光点和不足之处。

_____

五、考核反思（见表4-2）

表4-2 "教学组织方式有效"能力要点的评价标准

评价要素	评价指标			权重
	合格（6分）	良好（7~8分）	优秀（9~10分）	
恰当分组	按照座位就近原则对学生进行分组	依据学生差异，尊重学生选择对学生进行分组	及时发现小组合作情况，对小组成员进行相应调整	0.5
有效分工	设计合作内容，指导学生完成任务	设计合作内容，组织学生依据自身特点选择相应分工任务，指导学生进行具体合作	及时发现小组合作情况，对合作方式及方法进行指导	0.5

▶▶ **活动五 评价交流**

①参考评价标准，针对"活动四"中设计的教学环节，填写表4-3自己做一下评价。

表4-3 自评评价表

评价要素	评价指标			权重
	合格（6分）	良好（7~8分）	优秀（9~10分）	
恰当分组				0.5
有效分工				0.5
在表中填上自己的分数，考虑权重，总得分是：				

②小组经过交流讨论，针对每个人"活动四"中设计的教学环节，在表4-4中做一下评价。

表 4-4　小组评价表

评价要素	评价指标			权重
	合格（6分）	良好（7~8分）	优秀（9~10分）	
恰当分组				0.5
有效分工				0.5

在表中填上组内成员给您的分数，考虑权重，总得分是：

③把自己的评价结果与小组的评价结果比较一下，分析一下具体要素、具体指标间的差距，查找原因，听取他人建议，列举改进措施。

_____

_____

_____

_____

六、填写日志

填写培训日志:通过今天的学习，您有什么收获和想法，请填写在表 4-5 的培训日志中。

表 4-5　培训日志

课　次		学习内容	
主讲教师		上课地点	
本次课您最关注的问题：			
本次课您的感受是：			

阅读资料

一、合作学习的概念

合作学习是学生在教师组织下的以共同目标为学习追求，以学习小组为基本单位，以合作交流为基本特征，具有明确个人责任的互助学习活动。

二、合作学习的意义

合作学习作为新一轮基础教育课程改革所倡导的学习方式之一，随着基础教育课程改革的加速推进，越来越被认为是一种十分有效的学习方式。

①强调学生的主体参与，强调同学之间的相互合作

②以"要求人人都能进步"为教学宗旨

③培养学生的合作互助意识，形成学习与交往的合作技能

三、合作行为的产生

1. 改变课堂的空间形式

根据实际教学的需要，我们可以把课堂设计成以下几种形式：

①会晤型，即同学面对面而坐，用于2人或4人的学习小组。

②马蹄型，即在马蹄型空间中，学生分坐三边，开口朝前，一般用于3至6人的学习小组。

③圆桌型，即在椭圆形的空间中，学生围坐周围，一般用于10人左右（乃至更多人数）的学习小组。

2. 创建能够形成合作的学习小组

小组内部的人际关系、合作氛围是个制约个体合作行为的关键因素，因此，科学地分组对合作行为的产生是一个非常重要的问题。

（1）小组规模

以4至6人为宜。合作小组的规模可以依据完成任务的条件而异（完成任务的条件越高，小组越大），可以依据组员合作技能状况而异（技能越差，小组越小），可以依据所能占有的时间量而有所不同（时间越短，小组越小）。

（2）小组构成

小组构成应遵循组内异质、组间同质的原则，这样建构的小组至少有两个优点：一是同组同学之间能够相互帮助、相互支持；二是不同小组的学习可以比较，形成竞争。

（3）任务分配

分配任务学习，使每个学生既要对自己所学的部分全力以赴，又要依靠小组其他同学的帮助完成自己未学部分的学习任务。

3. 精心设计能够诱发合作行为的教学活动

（1）教材加工

在合作学习中，教师对教材的加工主要表现为对教材现有知识的"改造"。这种改造

工作说到底是一种知识的还原工作，也就是把教材中的结论性知识改造成能够得出这一结论的、具有"可学习"特征的材料，这种"可学习"特征的材料如果能引发学生好奇、贴近学生经验、落在学生最近发展区，那么学生学习的意识就能被唤醒，合作的需求就会被激发，合作行为的产生也就有了可能。

（2）活动组织

在课前的教学设计中，教师的工作不只是加工教学内容，还应该把设计的重点放在激发学生的合作意向和组织学生的学习活动上。

（3）学习评价

合作学习倡导"人人进步"的教学理念，所以教师在运用评价手段时，一定要注意变革传统的评价方法，把对个体的成绩评价改为对团体的积分评价，对一个人的孤立考评改为把学生个体置于同类人的背景中进行考评。

四、学生合作行为的指导

当学生有了合作意向时，合作学习的开展依然不一定能如愿以偿。究其原因，更多在于学生缺乏必要的人际交往技能和小组合作技能。由此可见，教师除了要诱导学生的合作意向外，还要帮助学生形成良好的合作行为。

1.养成良好的"倾听"习惯

①指导学生专心地听别人的发言。

②指导学生努力听懂别人的发言。

③指导学生尊重别人的发言。

④指导学生学会体察。

2.养成良好的"表达"习惯

①培养学生先准备后发言的习惯。

②培养学生"表白"的能力。

③指导学生运用辅助手段强化口语效果。

3.养成良好的"支持"与"扩充"习惯

①运用口头语言表示支持。

②运用体态语言表示支持。

③在对别人的意见表示支持的基础上，能对别人的意见进行复述和补充。

4.养成良好的"求助"与"帮助"习惯

①要求学生当学习上遇到困难时，要向同学请教，并且能说清楚自己不懂或不会的地方。

②要求学生求助时要有礼貌，请教对方时要用商量的口吻，要用"请"字，接受帮助后要表示感谢，等等。

③要求学生主动关心别人，学会对同学说"不懂找我，我会帮助你的"。

④要求学生向别人提供热情、耐心、有价值的帮助。

5.养成良好的"建议"和"接纳"习惯

①鼓励学生独立思考，大胆且有礼貌地向对方提出自己的不同看法和建议。

②要求学生虚心听取别人意见，并且能够修正或完善自己的思想。

③鼓励学生能勇于承认自己的错误，并能支持与自己意见不同或相反的同学的正确认识。

模块5　强化学生积极表现

学习目标

●知道《检核标准》对"强化学生积极表现"的层次要求。

●掌握强化学生积极表现的一般方法。

●能够抓住恰当时机，根据学生特点，选择合适的方法，对表现积极的学生进行强化，使其带动全体同学的热忱和积极向上的行为。

一、问题提出

▶▶ **活动一　热身**

小组内两个人组成一组，先进行自我介绍。然后每位成员写下3条对另一个组员的特征进行评价或赞美，这些特征评价应是正面、积极的（如穿着整洁、声音好听等）。小组长组织本组成员进行交流并解答。

①您听到了什么赞美？ _____

_____

②您更喜欢哪条赞美？ _____

_____

③您赞美他（她）了什么？ _____

_____

④您对他（她）的哪条赞美，他（她）更喜欢？ _____

_____

⑤赞美会给被赞美者的行为产生什么影响？ _____

_____

▶▶ **活动二　前测**

　　学生丁丁是一名女生，性格温柔，在劳技课《金工的设计与制作》部分，使用金工工具时总略显胆怯，因此对工具的基本操作经常不规范，制作作品的热情也不太高，但在"小手锤的制作"这节课上，她在锉削金属块体时，不仅使用钢锉的姿势规范、锉削方法得当，而且整节课都特别认真、专注，全然不顾自己额头上已布满细细的汗珠。教师看到这一幕，不禁心生感动。教师随后……

　　①您如果是这位教师，您将怎样做？（可以参考以下的情况一到情况五）

_____

_____

_____

　　②这样做对丁丁有什么影响？

_____

_____

_____

　　③教师这么做对其他同学能产生什么作用？

_____

_____

_____

以下示例情况，供参考、讨论。

　　情况一：见此教师走到丁丁面前，真诚地说："丁丁，你做得真好，操作规范，也有拼劲，继续努力哦。"之后，继续巡回辅导其他同学。

　　情况二：见此教师走到丁丁面前，真诚地说："丁丁，你做得真好，操作规范，也有拼劲。"说完轻轻拍了拍丁丁的肩膀，并递给她一块纸巾，说："擦擦汗吧，累了就休息一会儿。"

　　情况三：见此教师走到丁丁面前，征得她的同意后转向全体同学，说："大家都来看一下，丁丁同学操作规范，而且作品制作精致，大家可以过来欣赏一下，向她学习啊。"

　　情况四：教师征得丁丁同意后，带丁丁到一个不太会使用钢锉工具的同学面前，请丁丁为同学示范操作。

　　情况五：征得丁丁同意，教师用手机录制了丁丁使用工具制作小手锤的过程，之后经剪辑演示给其他同学看，同时感谢丁丁提供了宝贵的教学资源。

　　强化学生的积极表现并对学生的积极表现给予肯定、表扬或鼓励，是促进学生学习提高学习的重要因素，也是成功教育的支撑点。对于激发学生的潜能和积极性，主动参与教学过程具有明显的作用。

二、标准解读（见表5-1）

表5-1　《检核标准》中关于"强化学生积极表现"能力要点的检核标准

能力要点	合格	良好	优秀
强化学生积极表现	能够关注学生积极表现，并给予肯定	能够根据学生特点对其积极表现进行鼓励	能够通过对学生个体积极表现的强化，感染全体学生

三、名词解释

1. 积极表现

积极是指正面的、进取的、促进发展的。积极表现是积极的行为或状态，是正向的促进个人或团队发展的行为状态。学生的积极表现，包含了课堂上的积极表现，课后的积极表现；学科学习上的积极表现，性格品质方面的积极表现；有助个体成长的积极表现，有助团队发展的积极表现等，各种积极表现可以互相促生和发展。积极表现呈现出的既可以是一种正在发生的行为，也可以是一种优秀的状态或产生的美好结果。积极表现没有绝对的标准，有很强的相对性和时空性。不管是对个体还是团队，积极表现都是相对的，一般是与过去相比较而言的。

2. 学生特点

学生是一个独立的个体，受生理、心理要素的影响，性格特质各不相同。有的学生活泼好动、反应敏捷，有的学生性格内向、沉着冷静、有韧性，他们对同一种行为的反馈是不一样的，同样，为达到某一个效果，需要采取不同的行为方式。例如，为了达到鼓励学生，使其继续努力的效果，根据学生的特点，对有的学生采取当众表扬的方式最佳，对有的学生则需要给予更多的关注或关心，还有的学生则希望老师将自己的积极表现告诉自己的家长，从而会得到更大的鼓励。

3. 强化

强化是指通过某一事物增强某种行为的过程。我们一般说的强化都是正强化，即给予一种好刺激，运用奖励的方式，使积极行为模式重复出现，并保持下来。在学校教育中，教师强化学生积极表现也有多种方式，包括单独表扬、当众赞美、树为榜样、创设更多机会、更多针对性的关注等。

4. 个体感染全体

个体感染全体，即由个体的积极表现带动或影响团队的积极表现，使更多的学生获得更大的成长和进步，使教育成果最大化。个体感染全体的要点在于找准可趋同的优秀的点，例如，某一个学生的作品做得非常精致，教师可当众赞赏作品的精致，从而感染全体学生追求精致的行为。若一个学生的作品做得非常粗糙，可是与他自己此前的作品相比已经有了特别大的进步，那么教师则强化"进步"这个特质，从而感染全体学生自我比较，促使其追求个人进步的行为。

▶▶ 活动三 讨论与交流

请大家回想一下，在您的教育教学经历中有没有一个记忆深刻的有关强化学生积极表现的案例，您是如何做的？后来产生了什么效果？

案例：_____

_____

学生需要强化的行为：_____

_____

教师的强化行为：_____

_____

事后产生的效果：_____

_____

通过大家的交流，总结一下强化学生积极表现都有哪些方式方法？怎么做对个体更有效，怎么做能感染更多人？

_____

_____

≪≪案例分析

▰▰案例1

通用技术

以高中通用技术学科苏教版必修教材《技术与设计2》第一章《简单结构的设计》的"框架结构的设计"实践活动为例。

用所给规定数量的PVC材料，小组分工合作，设计制作一个框架结构。

要求：结构体长不小于15cm，宽高不小于10cm，制作完成后能够承载不小于30kg的重量。

1. 合格

（1）示例

学生在操作的过程中，教师巡视指导，发现有的小组的学生并没有多大的信心，认为这种强度不太高的材料搭建的结构体难以承载30kg的重量，其中有一组学生的设计很有想法，制作的结构体已经有了雏形并且强度也很高，教师走过去，对他们的作品投以赏识的目光，微笑并兴奋地赞赏："你们组的这个结构很有创意，强度也很高，我相信做完后肯定能承载30kg的重量，可以记一次加分，继续加油！"

（2）评析

从本案例能看出，教师发现小组学生的积极表现，能抓住时机，并合适地运用了表情和眼神、语言等强化积极表现的方法，同时，赞赏的也比较具体、到位。这样的赞赏，会使这组学生信心大增，更加肯定自己的设计，有更高的热情积极地完成作品。但对其他组的学生影响不大。

2. 良好

（1）示例

活动过程中，有一组学生的设计很有想法，制作的结构体已经有了雏形并且强度也很高，教师走过，微笑并诚恳地赞赏："你们这一组的动手能力很强，这个结构既有创意，强度又高，可不可以给其他组的同学说一说你们为什么这么设计？"教师在全班当众赞扬这一组后，这一组的学生不仅给大家看了他们的设计图纸、介绍了影响强度的因素，还当场试称，学生们都目不转睛地看着他们的测试（如图5-1所示），最后这组的结构体承载的重量不仅超了30kg，并且还纹丝不动，学生们都惊叹不已，并给予热烈的掌声，活动气氛达到了一个高潮。

（2）评析

从本案例能看出，教师发现学生的积极表现，能根据这一组学生的特点，运用表情及当众表扬的方法进行强化，还掌握了适当的时机，让该组在全班同学面前展示，更大程度上强化了学生的积极行为，同时，对于那些对自己的作品信心不足、积极性不高的学生来说也起到了刺激作用，促使他们努力地

图5-1　承重实验

尝试让本组的作品强度更高。这样的一次强化学生积极表现的做法，抓住了学生更希望得到当众表扬和展示机会的特点，可以达到良好层次。

3.优秀

（1）示例

图5-2 结构展示

活动过程中，有一组学生的设计很有想法，制作的结构体已经有了雏形并且强度也很高，教师走过，微笑并诚恳地赞赏："你们这一组的动手能力很强，这个结构既有创意，强度又高，可不可以给别的组的同学说一说你们为什么这么设计？教师在全班当众赞扬这一组后，这一组的学生不仅给大家看了他们的设计图纸、介绍了影响强度的因素，还当场试称，学生们都目不转睛地看着他们的测试，最后这组的结构体承载的重量不仅超了30kg，还纹丝不动，学生们都惊叹不已，并给予热烈的掌声，活动气氛达到了一个高潮。这一组的学生充满了自豪感并说：这还不是最终的作品，我们还要继续制作，争取承载更大的质量。"这时，教师根据学生更高的要求，兴奋地说："大家可以借鉴吸取这个结构体的特点并加以创新，一定也能成功，我们来一次承重比赛如何？"教师的建议，立刻得到了学生的认可，学生的积极性大大提高。活动在整个年级扩展开来，学生制作的结构体承重能力一次又一次地突破极限，承重已经可以达到90kg。最后，教师还对表现好的组进行了奖励。这次活动，学生的创新能力、合作意识都得到了一次提升，学生也都非常期待下一次的通用技术课程活动。

（2）评析

从本案例能看出，教师发现学生的积极表现后，根据这一组学生的特点，进行了当众赞赏，还掌握了适当的时机，让该组在全班同学面前展示，更大程度上强化了学生的积极行为，教师还根据学生的更高要求，想到了年级组进行承重比赛的做法，极大地提高了学生的参与度与热情，起到了感染全体学生的作用。同时，教师运用了表情、当众表扬、奖励等多种强化学生积极表现的方法，达到了优秀的层次。

案例2

劳动技术

以北京出版社《劳动技术——木工设计与制作》第二单元《设计与制作》的第三章《改进课堂教学用具》为例。

第三章《改进课堂教学用具》部分，学生设计并制作一个粉笔盒。要求如下：

材料：两张A4大小桐木板、乳胶

工具：曲线锯、砂纸

另外，可根据设计自行取用课外科技活动使用的各种材料和工具。

总课时为3节课。

1. 合格

（1）示例

在第3节课的时候，教师发现大部分学生设计制作的粉笔盒都为一个正方体造型，而有一个学生赵某某，设计制作的粉笔盒明显与其他同学不同，他的作品如图5-3所示。

教师看到了赵某某的作品，充满惊喜，真诚地赞赏："赵某某，你这个粉笔盒设计得很有创意，制作也不错。你太棒了！我给你A+的成绩，希望你以后再设计出这样有创意的好作品，也希望你能制作得更为精致。"听到这些，赵某某非常开心，继续努力将作品做完。

图5-3　粉笔盒

（2）评析

从本案例可以看出，教师能发现学生的积极表现，通过赞赏具体的点"很有创意"，让学生清楚自己哪里做得优秀，教师选择及时给学生以肯定和赞赏，另外教师承诺给学生这个作品一个特别好的评价成绩，并提出进一步的期望，学生当即受到了鼓励，产生了更大的动力。该教师能够关注学生积极表现，并及时给予肯定和鼓励，属于合格层级。

2. 良好

（1）示例

教师看到了赵某某的作品，充满惊喜，真诚地赞赏："赵某某，你这个粉笔盒设计得很有创意，制作也不错。你太棒了！"听到这些，赵某某非常高兴，很神气地看了看同桌。教师便立即问他："你愿意跟其他同学分享一下吗？"他爽快地说："没问题啊。"教师立即跟全班同学说："同学们暂停一下自己的制作，让我们看看赵某某的作品，他的作品设计得特别有创意，咱们请他讲讲自己的设计思路。"同学们停下来，目光齐刷刷地投向了赵某某。赵某某非常神气地给同学们讲解了他的想法："因为我观察到讲台上的粉笔盒

经常被不小心打翻，粉笔散落一地，不仅粉笔被摔断很多，教室卫生也被破坏，因此为了解决这个问题，我设计了这个粉笔盒。它的盒体是斜面的，便于取放粉笔，盒体悬挂于支架上，最后我在支架上安放强力磁铁，它能吸附在黑板的任何地方。"同学们听得很认真，最后给他予了热烈的掌声。赵某某得到了更大的鼓励，他对自己提出了更高的要求，他说："这个粉笔盒我第一次做，制作得非常不精致，接下来我会再制作一个，我相信自己会做得越来越好。"同学们再次为他鼓掌。最后教师很欣慰，很欣赏，模仿他的神情说："嗯，对，再做一个更精致的，以后还可以再创作类似的作品哈！"赵某某高兴地回应"嗯！"并开始更加努力地制作起来。

（2）评析

从本案例可以看出，教师能发现学生的积极表现，及时给予鼓励。另外，该教师不仅赞赏具体的点，还能迅速捕捉到学生的个性特点，请该生跟班里同学分享，在同学们的掌声中，更大程度地强化了该学生的优秀行为。学生得到了鼓励，对自己又提出了更高要求。同时，优秀作品的分享和展示，会一定程度地影响和刺激到其他同学的效仿行为。能够依据学生特点强化积极表现，并在一定程度上带动了其他同学，属于良好层次。

3.优秀

（1）示例

教师看到了赵某某的作品，充满惊喜，真诚地赞赏："赵某某，你这个粉笔盒设计得很有创意，制作也不错。你太棒了！"听到这些，赵某某非常高兴，很神气地看了看同桌。教师便立即问他："你愿意跟其他同学分享一下吗？"他爽快地说："没问题啊。"教师立即跟全班同学说："同学们暂停一下自己的制作，让我们看看赵某某的作品。他的作品设计得特别有创意，咱们请他讲讲他的设计思路。"同学们停下来，目光齐刷刷地投向了赵某某。赵某某非常神气地给同学们讲解了他的想法："因为我观察到讲台上的粉笔盒经常被不小心打翻，粉笔散落一地，不仅粉笔被摔断很多，教室卫生也被破坏，因此为了解决这个问题，我设计了这个粉笔盒。它的盒体是斜面的，便于取放粉笔，盒体悬挂于支架上，最后我在支架上安放强力磁铁，它能吸附在黑板的任何地方。"同学们听得很认真，最后给予了他热烈的掌声。赵某某得到了更大的鼓励，对自己又提出了更高的要求，他说："这个粉笔盒我第一次做，制作得还不精致，接下来我会再制作一个，我相信自己会做得越来越好。"同学们再次为他鼓掌。教师小声地问赵某某："我可以让其他同学参考一下或者仿做你的粉笔盒吗？"赵伟业非常肯定也非常开心地说："当然没问题。"于是教师面向全体同学兴奋地说："那接下来，这个单元咱们增加两节课，请赵某某再做一个这个粉笔盒的2.0版本吧，做好了咱们就放在劳技专用教室里用上吧。刚刚已经得到他的允许，各位同学可以参考或者仿做一下创意粉笔盒，然后选出最精致的那个放在你们的教室里用，再选一些作为样品，请其他班级的同学参考，批量'生产'，每个班的教室里都能用上。其他学校的教室会不会也想用咱们这样的粉笔盒？这岂不是要变成一个优秀的产品，甚至商品？！对了！还有更有创意、使用更加便利的设计方案吗？我想一定有！或者其他我们常见用品的设计和制作也可以，大家一起来想吧！"在老师的鼓励下，赵某某成了大家学习的榜样，他的粉笔盒成了创新作品的示范，全年级的学生个个变得兴奋，充满了力量，开始了一场小发明小创作的浪潮。后来，赵某某同学又设计制作了创意板擦，很多同学也有了不同的设计作品。教师将这些作品收集起来，参加了小发明小创作的比赛，分别获得了很好的成绩。慢慢地，劳技课与创新设计与制作融为一体，学生在学习基本操作技术的基础上，都在努力利用技术实现较有创新感的作品。学生们变得越来越善于观察周围事物，也有了越来越多的思考，同时乐于将自己的小点子实现出来，教师经常非常开心地叫他们"小创客"。

（2）评析

从本案例可以看出，教师能及时发现学生的积极表现，并给予鼓励。另外，该教师不仅赞赏具体的点，还能迅速捕捉学生的个性特点，请该生跟班里同学分享，在同学们的掌声中，更大程度地认可了该学生的优秀作品。学生得到了鼓励，对自己又提出了更高的要求。教师进而推而广之，将该同学及其作品立为榜样，带动全体同学效仿。这不仅对该同学起到了极大鼓励的作用，更能够感染全体学生。另外教师还能创造机会，给学生更多的鼓励，比如，将作品送去参加比赛，推动整个年级的学生开始了一场小发明小创作的浪潮，最终很多同学变成了"小创客"。因此，该教师在强化单个学生的积极表现时，影响和带动起了全体同学的积极性，属于优秀层次。

四、技能训练

强化学生积极表现的技能包括语言、表情、动作、恰当时机、了解学生特点等多个方面，具体如下：

语言：强化学生积极表现一般采用鼓励、赞赏性的语言，但不能仅仅简单地说"你真棒！""你做得很好！"这样笼统的话语不能更好地激发学生下一步的积极行为，而应该将需要表扬的地方具体地指出，做到准确、到位。

表情：鼓励学生的时候表情一定要诚恳、兴奋、愉悦，并带有殷切的期望。

动作：根据不同学生的特点可以采用单独表扬和公开表扬的形式。经过学生的允许可以将其树为榜样，起到表率引领的作用。可以根据不同情况、学生的不同特点给予一些肢体的接触，例如击掌、拍肩、拥抱等。

恰当时机：从时间上看可以分为即刻实施强化、延时强化两种，也可以依据积极表现的发展情况创设分享交流、展示、参加比赛、义工等机会强化学生的积极表现。

强化学生积极表现的一般方法有：

①教师综合利用语言、表情、动作，对学生进行表扬和鼓励，视情况对个体学生进行私下表扬或当众表扬和鼓励。

②教师视情况给予合适的物质奖励，从而强化学生的积极表现。

③教师发动更多的人一起对该学生进行鼓励，对其积极表现进行强化。可以请其他同学采取鼓掌的形式，也可以采取请几个同学谈感想表扬鼓励的方法，也可以视情况采取告知班主任或其他教师或家长的方式，以达到最大限度地强化学生的积极表现。

④教师还可刻意创造一些展示机会强化学生的积极表现，例如创设分享交流、展示、参加比赛等机会。

▶▶ 活动四　能力训练

劳技课申请见习事件：一次劳技课上，一个学生说自己胳膊疼申请见习，教师看他表现出不舒服的样子就允许了。这时另外一个调皮学生也立马表现出不舒服的样子，申请见习，教师也只好应许。接下来学生都在设计制作红酒架时，这名调皮学生按捺不住兴趣，忘了自己也申请见习的事情，在努力制作，样子专注而认真。教师看到他的行为很开心，随即觉得教育机会来了，他走到该生跟前，什么也没说，表情认真、专注地看着这位学生，该生一开始还支支吾吾解释，老师说了以下话语，这名学生既惭愧又很兴奋，积极性更加强了，其他同学也受到了感染，班级课堂气氛特别好。

①如果您是这位教师，您将说什么？

_____

_____

_____

②情景剧表演。

角色：申请见习的同学一位，"调皮"学生一位，教师一位，班级学生若干。

表演内容：劳技课申请见习事件。

要求：每个人轮流扮演该教师和该调皮学生，扮演教师时选择采用强化学生积极表现的要点和一般方法，扮演调皮学生时记录感受和被鼓励指数，扮演其他学生时记录感受和被鼓励指数。

您认为在表演中"强化学生积极表现"做得比较好的是：_____

_____

_____

_____

五、考核反思（见表 5-2）

表 5-2　"强化学生积极表现"能力要点的评价标准

评价要素	评价指标			权重
	合格（6分）	良好（7~8分）	优秀（9~10分）	
方法的选择	能够用常用方法进行强化。有一定效果	能依据学生特点选择合适的方法进行强化。效果良好	能依据学生特点选择合适的方法强化个别学生，更能感染全体学生。效果明显	0.5
时机的掌握	发现学生积极表现，立即给予强化	发现学生积极表现，根据学生特点，选择合适时机给予强化	发现学生积极表现，创造机会，多方位给予强化	0.5

▶▶ 活动五　评价交流

1. 针对活动四，小组内进行交流

（1）您采用的强化方式、方法、时机等，是否达到了好的效果，大家对您提出了哪些建议？

_____

_____

（2）大家公认比较好的是哪个？好的原因是：

_____

_____

（3）把大家提出值得借鉴的方法自己进行整理。_____

_____

_____

2. 自我评价

参考评价标准，填写表 5-3 自己评价一下已达到的水平。

表 5-3　自评评价表

评价要素	评价指标			权重
	合格（6分）	良好（7~8分）	优秀（9~10分）	
方法的选择				0.5
时机的掌握				0.5
在表中填上自己的分数，考虑权重，总得分是：				

3.小组评价（见表 5-4）

表 5-4　小组评价表

评价要素	评价指标			权重
	合格（6 分）	良好（7~8 分）	优秀（9~10 分）	
方法的选择				0.5
时机的掌握				0.5
在表中填上组内成员给您的分数，考虑权重，总得分是：_____				

4.听取大家的建议后，您认为自己

尚有欠缺的方面是：_____

_____

分析原因：_____

_____

改进措施是：_____

_____

六、填写日志

填写培训日志：通过今天的学习，您有什么收获和想法，请填写在表 5-5 的培训日志中。

表 5-5　培训日志

课　次		学习内容	
主讲教师		上课地点	
本次课程您最关注的问题：			
本次课程您的感受是：			

阅读资料

一、强化学生积极表现秉持的原则

准确性。准确而又得体的评价能极大地调动学生的学习积极性。强化学生积极表现是针对学生即时性的学习表现进行针对性的评价，由于学生身上的"亮点"在不同方面、不同场合所表现出来的形式及内容都是不同的，因此，在赞赏学生时，要根据学生身上表现出来的某一"亮点"进行表扬，让学生知道自己在何方面、因何原因受到表扬，如果千篇一律，笼统、夸张地对学生进行表扬，则往往起不到强化学生优点的作用，有时反而会让学生骄傲自满，表扬失效。因此，理性地把握问题的价值和学生的实际需要是表扬的两个重要维度。

智慧性。教学机智作为衡量教师"优秀"与"拙劣"的重要标尺，集中体现了教师的教学智慧。课堂上，教师应准确把握表扬尺度，以自然、真诚、恰当、温馨的语言，及时地、有针对性地评价学生的学习，让学生随时从教师那里了解自己，看到自己参与学习后取得的进步、成绩或存在的问题。在进行强化学生积极表现时，灵活运用教学机智，将预设性语言和随机性语言结合起来，根据学生的反馈信息、突发情况，临时调整原先预设的口语流程，快速反应，巧妙应对。这样，我们的课堂才会折射出智慧，充满生机。

独特性。强化学生积极表现不要老是停留在学生习以为常的优点上，而是要去挖掘学生身上一些鲜为人知的优点。因此，可以变表扬优点为表扬改变弱点，这样，学生由于获得了快乐的体验，就会愿意继续保持下去。在实际的教学过程中，必须根据教学实际，积极创新表扬的方式，随机应变，使得学生感觉到老师不断创新，这样容易拉近师生的距离。优化师生的良性互动。

幽默性。有人说幽默是聪明和智慧的表现。也有人把幽默说成是生命中不可少的维他命。教师的幽默会拉近师生的距离，课堂中的幽默则令学生对所学知识加深记忆，更好地进行情感交流。所以每当学生有较佳的表现时，教师不能以一句"不错！""你讲对了！"来评价学生的回答。而应根据课堂教学现状生成一些智慧的语言、诙谐幽默的语言以拉近师生之间的距离，增强教育合作的效益。

及时性。强化学生积极表现要及时，是指在学生表现出良好行为、取得一定进步时，应马上给予表扬。它可以使学生很快地了解自己的行为，有利于巩固成绩，向前发展。表扬的及时强化，不仅能坚定学生的信念，增强其积极性，而且还能以此教育其他学生，促进大家产生积极向上的心理动机。特别是对于在集体中缺少信任和威望的学生，要善于捕捉其闪光点，及时、当众表扬，满足这类学生渴望友谊、渴望被人尊重等心理需要。

真诚性和真实性。赞赏学生要真诚，是指教师表扬的态度要诚恳热情，发自内心。人们都有喜真恶伪的天性。只有真诚的东西，才会被人所接受。表扬也不例外，教师只有以真诚的态度去表扬，才能唤起学生的真挚感、亲切感、温暖感、信任感和友谊感，愉快地接受表扬。只有表扬者在感情上很真诚，被表扬者才会受到感染，心里也才热得起来，才会愉快地接受。表扬要真实，是指表扬一定要符合实际情况，事实要准确，事和人要值得表扬。如果表扬的事实被夸大了，言过其实就会降低表扬的价值，致使吹捧、华而不实等不良风气的产生，也会使被表扬的学生感到不自在，甚至导致其他学生不服，影响师生之间、同学之间的心理相容。如果值得表扬的事和人被贬低了，轻描淡写，学生会认为你不公正，对你的表扬从心理上不能认同，从而产生不信任感，削弱你的威信。因此，赞扬时教师对学生的成绩和优点，应从内心感到由衷的高兴，满腔热情地表示赞扬，并热切地希望学生能够把这些优点发扬光大。

二、选择恰当的强化学生积极表现的方式

1.直接表扬和间接表扬

被表扬者在场，教师提出表扬，叫作直接表扬，又称为当面表扬。这种表扬方法的优点是表扬及时，产生效果快。间接表扬，就是当事人不在场，教师在背后进行表扬。有时间接表扬的效果要比直接表扬好得多。特别是学生对某教师有成见、有误解时，教师多采用间接表扬，往往能消除成见和达成谅解，融洽双方的关系。

2.当众表扬和个别表扬

教师当着其他学生的面表扬某人某事，叫当众表扬。对那些有突出表现的学生，或带有方向性的良好行为，以及过去在群众中有不好影响、现在确有转变的学生，教师采用当众表扬的方法，常常能收到鼓励先进、鞭策全体学生的效果。这种方法的不足之处是，如果表扬不得当，特别是当大家都做了同样的事而未受到表扬时，便容易引起一些人的不服。因此有的人害怕教师当众表扬他，对这些人适合用个别表扬法。个别表扬就是没有第三者在场时，教师表扬某个人。对于害怕当众表扬的人，适合用这种方法。教师的这种表扬，不仅能使人上进，而且能沟通关系，融洽感情，起到当众表扬无法起到的作用。

3.个人表扬和集体表扬

个人表扬是教师表扬成绩突出的某个人。集体表扬是教师对集体进行表扬，这种表扬应具备以下条件：集体做出了明显成绩，集体的成绩不是少数人努力的结果，大多数人对集体的成绩都有贡献。集体表扬的优点是可以培养人们的集体荣誉感和责任感，增进团结，其缺点是使荣誉分散。因此它常常与个人表扬结合起来运用。注重表扬的效果，就要因势而变，恰当地运用表扬的方式方法。如一个特定的手势、一个微笑、一个眼神都是表扬的方式。若表扬的方式长期重复也会失效，所以表扬方式也要与时俱进，灵活多样。

4.代理性表扬

代理性表扬，是指在某些情况下，教师可委托比自己更起作用的人在特定的情况下实施表扬。人的地位、身份、影响力和人际关系不同，各有自己独特的作用和影响力，难以互相替代，代理性表扬就是根据这些情况加以选用的表扬形式。在学校生活中我们不难发现，校长、教导主任、班主任的表扬具有行政权威，优秀教师的表扬令学生信服，同伴的表扬让人感到亲切，教师可根据工作需要选择合适的人实施代理性表扬，以期获得更好的教育效果。

三、强化学生积极表现的作用

强化学生积极表现是现代课堂教学的有机组成部分，对学生的学习积极性和创造性有着不可忽视的激励作用。

1. 赞赏学生是课堂教学语言的有机组成部分

赞赏是教学语言的重要组成部分。赞赏是一种正面强化，是教学语言的重要组成部分，如何根据教学实际进行合适的教育定位则是其关注的重要指数。因此，必须从课堂教学的整体出发，完善课堂强化学生积极表现语言的组织与使用，充分调动学生的参与热情，积极构建教师的语言体系，提高教师的教学语言技能。

2. 强化学生积极表现对学生的学习态度有重要的导向作用

教师的强化语言对学生课堂状态及可能生成的学习智慧会产生一定的影响。德国教育家第斯多惠也说过："教学的艺术不在于传授的本领，而在于激励、唤醒、鼓舞。"课堂上，教师的一番表扬使得学生心领神会，甚至还有一定功利色彩，可能因为老师的一句话，学生终身受益。因此，表扬必须注重于学生个体的处境和需要，尊重学生的个体差异，积极关注教学评价语言的导向性，加强正面的引导，激发学生的学习激情。

3. 强化学生积极的表现是教师教育智慧的灵光

强化主要是针对学生在课堂上学习状态的肯定，有一定的偶然性和生成性，如何抓住教育时机，帮助学生积极营造良好的交流氛围，激发学生的学习激情是教师表扬的重要取向，也充分显现了教师的教育智慧，即如何发掘学生答案中的亮点，选择其精华，帮助学生进行正确取舍。

4. 强化学生积极表现有利于师生产生共鸣

在实际的教学过程中，师生互动成为新时期课堂教学的重要表征，老师的激励性表扬会激发学生对教师教学内容的关注和教学方式的理解，强化学生积极表现也可以帮助师生建构一种宽松和谐的学习环境。在实际的学习过程中，学生之间形成合力，师生之间形相互成关注、相互帮助、相互尊重的氛围，有利于推进课堂教学的有序发展，达成预期的教育效益。

四、强化学生积极表现的"五忌"

①忌过度。俗话说："糖吃多了不甜。"同样，强化学生积极表现过多或者太廉价也会起到反作用。倘若教师无论大事小事都表扬不断，表扬太频繁、太"廉价"，让学生整天生活在赞美声中，时间久了，学生就会感到"腻烦"，强化学生积极表现就起不到应有的积极作用。这是因为人们持续地接受某一刺激，时间长了，就会因"适应"的缘故而变得不再敏感。有时甚至使学生产生"表扬不是出自老师的真心，而只是一种惯用的手

段"的错觉。倘若学生自身对自己要求水准很高，并不满足于些微的成功，这时表扬他，由于他自身并不满足，"这么一点小小成绩也值得表扬？"会感到"受了讽刺"，甚至还会憎恨表扬者。因此，教师虽然不必"惜表扬如金"，但也应该适当注意强化学生积极表现的"发行量"，以便保证你表扬的"含金量"。

②忌不公。在学生眼里教师是真理的化身、正义的代表，但有些教师却受"刻板效应"或"晕轮效应"的消极影响，只看到优秀生的优点，却看不到后进生的"亮点"。个别教师信奉"一俊遮百丑"，认为只要学生学习成绩好，其他方面也都好；而对"后进生"的良好表现却视而不见，乃至无端猜疑。当那些"后进生"有好的表现时，有些教师通常的想法是：今天可真是太阳从西边出来了。于是，教师本应及时给予的表扬化为乌有，因而促进"后进生"转化的良好契机擦肩而过。强化学生积极表现的不公不仅无助于后进生的转化，而且会助长优生的不良习气，导致优生不优。

③忌横向比较。世界上没有两片完全相同的树叶。对教育来说，也没有两个完全相同的学生。正如俗语所说"人比人，气死人"，什么事都让学生互相比较，乃是一种很拙劣的教育手段。然而，许多教师在强化学生积极表现时却惯于把学生做横向比较，以至总是有意或无意地在表扬中上演着"抬高了一个，打倒下一片"的"壮举"。比如，某学生书写认真，有些教师会随口称赞道："你的作业完成得真好，全班学生无人及得上你！"这样岂不是表扬了一个学生而打倒了一片学生吗？强化学生积极表现较正确的做法应是多做纵向比较，把学生的"今天"与"昨天"相比，表扬其进步。

④忌人格化。一个人独立、自主的人格是立足于现代社会的根基。如果教师强化学生积极表现时经常就一些小事任意涉及他们的人格，就会使学生认为自身的价值必须依附他人给予的赞同、不满等评价上，从而影响他们独立人格的形成。老师不应该对一些能正确回答问题的学生随便说："很棒！很聪明！"因为其他未能回答出问题的学生一听后很可能会感到自己"很差、很笨"，而应代之以"不错、正确、答对了"等客观具体的评价。另外，人格化的表扬还会使学生相信："只有满足了教师的期望，我才称得上是一个人。"有了这种认识的学生，往往会成为看他人眼色行事的畏首畏尾的人，从而丧失了独立开拓自己的人生之旅的活力，而只能根据他人撰写的脚本，为了博取他人的赞赏演出自己的人生之剧。

⑤忌理想化。"金无足赤，人无完人"，而且人的优缺点犹如"孪生"兄弟通常是并存的。因此，教师在强化学生积极表现时应避免把学生某方面的优点泛化、理想化而无限制地拔高，否则，理想化地强化学生积极表现往往会使学生产生自满自负心理，对学生的健康成长有害无益。而应让学生明白"天外有天，人外有人"，在这一方的最大值也许不如另一方的最小值大，使学生永保上进的动力。对学生的恰当表扬最好指向其"最近发展区"，这样才能有效地发挥强化学生积极表现的积极效应。

模块6 准确把握内容走向

○ **学习目标**

- 知道《检核标准》对"准确把握内容走向"的层次要求。
- 了解教学预设与生成之间的关系。
- 能列举出两种课堂调控方法和两种学生反馈信息类型。
- 学会通过不同渠道捕捉课堂生成问题的方法。
- 能根据实际情况灵活地处理课堂生成的问题，很好地把控教学走向。

一、问题提出

▶▶ **活动一 热身**

您或您的学生是否有过以下类似经历？学生王明某一天登录网校进行网络学习，起初目标明确，准备用两个小时的时间完成两个章节的网络学习。但学了一会后，突然想起来还要给同学发个邮件，发完邮件后又在网上看到喜欢的歌星有了新歌，就又看了会儿新闻。突然想起来还得网络学习，之后又开始学习，学着学着遇到了困难，又不知找谁解决，最后就直接放弃了。结果一上午也没完成既定目标。

针对上面给出的材料，回答以下问题：

①造成以上现象的原因有哪些？_____

_____

②以上现象可能造成怎样的后果？_____

_____

③如何减少以上现象的出现？_____

_____

▶▶ **活动二　前测**

当您上课时，假如很多学生情绪松懈，对您所讲的内容无动于衷，并且回答问题支支吾吾。针对以上情况回答下类问题。

①当这种情况发生后，为了在课堂教学过程中有效实施教学设计，您着手选择的处理方法有哪些？

_____

②这些处理方法的结果可能会有什么不同？ _____

_____

_____

③您会采取哪些方法进行处理？ _____

_____

_____

二、标准解读（见表 6-1）

表 6-1　《检核标准》中关于"准确把握内容走向"能力要点的检核标准

能力要点	合　格	良　好	优　秀
准确把握内容走向	能够按照教学设计的思路，控制课堂教学的走向	能够根据教学反馈的信息，对教学内容和进程进行调整	能够准确把握教学设计的思路，灵活处理课堂生成性的问题，控制课堂教学的走向

三、名词解释

1. 通过反馈调控教学节奏、教学内容和教学进程

①教师通过提问获得学生的语言反馈信息，从而了解学生听课情况，以此为依据及时调控教学节奏。

教师要统观全局，审时度势，善于从学生语言反馈的信息中及时调整教学的进程和教学方法，使课堂教学的节奏更适合于学生的认知状况，以收到更好的教学效果。

②根据学生的眼神反馈调控教学节奏。

眼神是情感的反映和流露，教师要善于捕捉学生眼神中的微妙变化，获取反馈信息，进而及时调整教学节奏，争取更好的教学效果。

2. 教学设计

教学设计是指教师依据教育教学原理、教学艺术原理，为了达到教学目标，根据学生认知结构，对教学过程、教学内容、教学组织形式、教学方法和需要使用的教学手段进行的策略。教学设计的概念涉及了教学目标、学生学情、教学过程、教学内容、组织形式、教学方法、教学手段等内容，理顺了这些内容的先后顺序，就形成了教学设计的基本思路。

3. 准确把握内容走向

其核心问题是如何处理教学中预设与生成的关系。本检核标准提出的"准确把握内容走向"是在教学目标制定基本合理的前提下，更多地关注在课堂教学过程中对教学设计的有效实施，根据信息反馈以及对偶发事件的价值判断，对教学内容、教学进程做出适度调整，以把握教学的方向，达成教学的目标。

4. 课堂问题生成

生成是生长和建构，是根据课堂教学本身的进行状态而产生的动态形成的活动过程。生成分为两种，一是预设下的现象，二是不曾预设到的现象。"动态生成"是新课程理念下课堂教学的主要特征，它强调课堂教学要改变以往传统课堂教学固定不变、按部就班的教学模式，主张课堂教学必须构建生成性的探究性活动过程。

▶▶ **活动三　讨论与交流**

影响课堂教学走向的案例 1：在进行通用技术三视图教学时，教师刚讲解完三视图投影规律（长对正，高平齐，宽相等），有一个学生即提出问题："老师如何在作图时保证长对正，高平齐，宽相等，是进行测量还是用其他办法？"按照教学设计，教师下面准备讲形体结构三视图，之后再进行视图绘制的讲解。如果解决学生的问题的话，要对教学内容和进程进行调整。这位教师应该怎么做？您还有其他处理方法吗？

影响课堂教学走向的案例 2：初中劳技《木工设计与制作》中，先学习了直线锯割技术，然后学习了曲线锯割。当教师正讲解曲线锯割技术要领时，有个同学提问说："老师，这些要领您不是都讲过吗？曲线锯割与直线锯割也没啥区别啊？"本来教师想讲完要领后就直接实践练习了，但看到学生对直线锯割与曲线锯割有些混淆时，这位教师应该怎么办？有哪些处理的好方法？

针对以上案例，为了控制课堂教学的走向，请学员们根据经验提出各种解决方法填入表 6-2 中。

表 6-2　讨论记录表

案例	1	2
组员发言 1		
组员发言 2		
组员发言 3		
组员发言 4		

通过讨论交流，将其他小组的看法记录在表 6-3 中。

表6-3 讨论记录表

解决方法	案例1 每种方法的效果对比	案例2 每种方法的效果对比
方法 1		
方法 2		
方法 3		
方法 4		

请您简单评价一下哪些方法更合理？哪些方法对您有较大启发？

_____

_____

_____

_____

_____

_____

_____

案例分析

案例1

通用技术

以江苏教育出版社"技术设计1"教材第一章走进技术世界第二节《技术的性质》中的第五个性质，即专利性教学为例。

1.合格

（1）示例

本节是本章的关键章节，也是学生对于技术与人、技术与社会、技术与自然之间的关系的扩展和深化，技术负面的影响恰恰是因为人和技术的关系处理不当造成的，技术的滥用也会影响到自然或造成社会问题。教师以雨刷发明家罗伯特·科恩斯一家与美国福特公司专利案诉讼为主线，设计了以下环节。

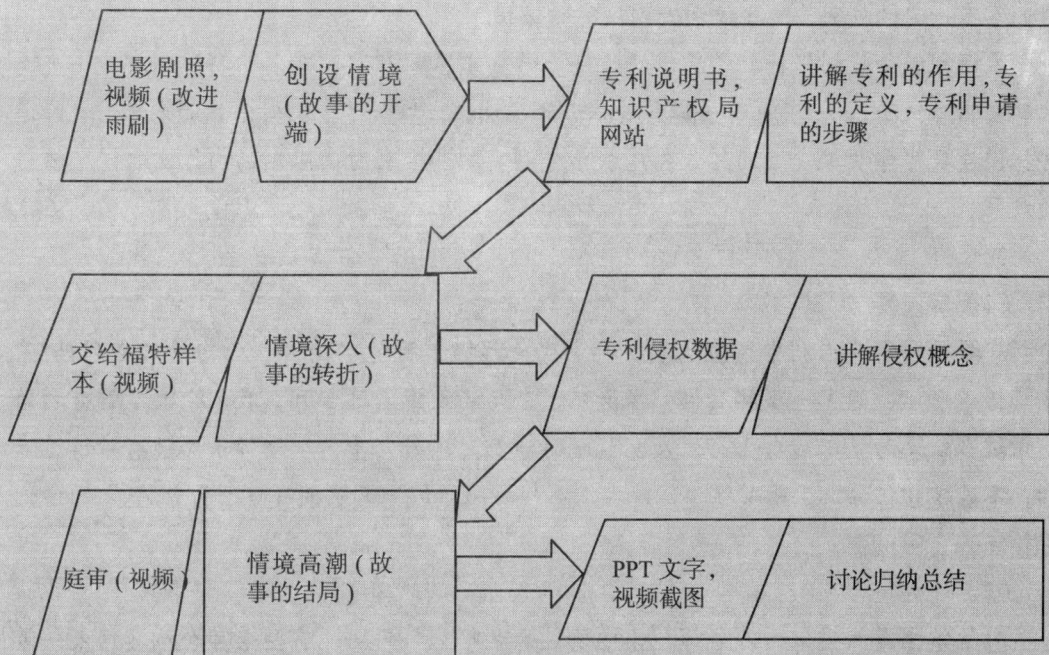

教师按照此环节进行教学，完成教学任务。

（2）评析

从本案例能看出，教师能设置适合学生特点的直观教学环节，并能够按照教学设计的思路，控制课堂教学的走向。教学环节较为流畅，符合学生特点。教学流程执行顺利，学生能够按照教师的教学思路进行学习，完成教学任务。

2. 良好

（1）示例

在讲解专利定义时，教师提问："罗伯特·科恩斯发明了间歇性雨刷，为什么要去申请专利？"学生回答："申请专利后，发明能够得到保护。"教师继续追问："怎么保护？"学生回答："别人不能生产罗伯特·科恩斯发明的间歇性雨刷。"教师再次追问"这样对罗伯特·科恩斯发明者而言有什么好处呢？"学生回答："这样罗伯特·科恩斯就能一直卖他的发明赚钱了。"

教师注意到了这个同学的回答中的问题，向全体同学问道："专利有时间限制吗？"学生们有的说有，有的说没有，有的说时间是20年。教师之后具体讲解了专利的分类和时间限制，并明确专利时间限制体现了专利制度既保护了发明者又促进了社会进步。

（2）评析

教材中专利作用的描述是技术作为创造性劳动的成果，是技术发明者智慧和劳动的结晶，它凝结着丰富的社会价值和经济价值。在技术实现其价值的过程中，技术发明者对此享有一定的权利，这些权利受到法律的保护。

本课程教师能够根据教学反馈的信息（学生回答："这样罗伯特·科恩斯就能一直卖他的发明赚钱了。"），对教学内容和进程进行了调整，增加了专利时限性的内容。教师通过提问发现了学生概念上的错误，增加了专利类型和专利时间限制的内容，取得了较好的效果。

3.优秀

（1）示例

在教师讲解完专利申请步骤后，有学生突然提出问题："老师，你申请过专利吗？"教师愣了一下，想了一下然后说"很遗憾，老师还没申请过专利，我们今天了解专利的申请过程就是为了以后自己有所发明创造时能及时地进行申请。老师虽然没有申请过专利，不过我相信青出于蓝而胜于蓝，我们在座的同学们一定能拥有自己的专利。"同学们纷纷点头。

（2）评析

对于学生突然提出的"老师，你申请过专利吗？"问题，有些老师含糊其词或一带而过，失去了一次教育契机。本节教学内容主要是讲专利和专利申请步骤，学生联想到教师是否申请过专利也是正常的。这个问题虽超出了教学预设内容，但又和教学内容相关，如果处理不当，就失去了教育效果。教师的真诚和鼓励性的回答使学生受到了鼓舞，灵活地处理了课堂生成性问题，控制了课堂教学的走向。

案例2

劳动技术

1.合格

以北京市义务教育课程改革实验教材《劳动技术——木工设计与制作》中第一单元技术准备的第二节《工具与操作》中的"曲线锯割技术"为例。

（1）示例

学生在前面已经学过直线锯割技术，并进行了实践练习。本节课进行曲线锯割的学习。教师设计了以下环节。

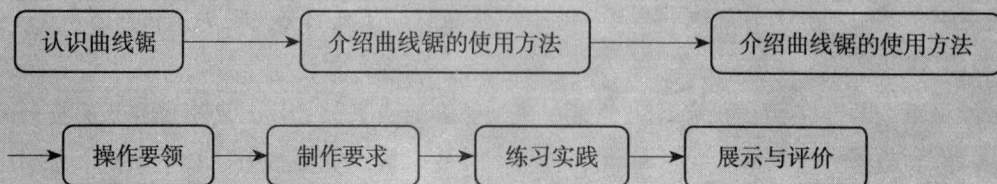

认识曲线锯 → 介绍曲线锯的使用方法 → 介绍曲线锯的使用方法

→ 操作要领 → 制作要求 → 练习实践 → 展示与评价

教师按照上列流程环节进行教学，完成教学任务。

（2）评析

从本案例能看出，教师能设置适合学生特点的教学环节，并能够按照教学设计的思路，控制课堂教学的走向。教学环节较为流畅，讲练结合，符合学生特点。教学流程执行顺利，学生能够按照教师的教学思路进行学习，完成教学任务。

2. 良好

（1）示例

当学生练习锐角锯割时，突然一个孩子大叫："完了，我的板裂了！"教师过去一看，果然木板在锐角拐角处出现了劈裂现象。这时，教师发现其他同学也有操作不规范的情况，于是，让大家停下来，一起讨论分析这种现象产生的原因。于是，大家开始纷纷发言，根据前面教师讲的内容，找出原因：

1）锯割中锯条与木板的夹角垂直。

2）到拐角处速度过快。

3）拐弯处锯上下推拉行程过长。

4）生硬强行拐弯，没有在原地进行锯割调整。

5）拐弯处锯割向相反的方向用力。

经过讨论后，教师又根据每一条原因进行了对比、讲解和演示操作，让学生更加明确在操作中应注意的问题。最后，全班同学都掌握了这一技术，顺利完成了教学任务。

（2）评析

在我们的劳技教学中，经常会出现教师讲明了技能要点，但一操作起来就会出现问题的现象。从本案例可以看出，教师能够根据教学反馈的信息，针对问题采取了组织大家讨论分析原因、找到问题，通过直线、曲线锯割持锯角度对比，讲解，演示操作等形式来纠正等措施，对教学内容和进程又及时进行了调整，解决了操作中出现的问题，顺利地完成了教学任务。

3. 优秀

（1）示例

还是上面的案例，就当大家都觉得找出了所有原因的时候，有一个学生突然站起来，手里拿着两块木板说："老师，刚才大家总结的技术要点，我都注意了，但还是有劈裂的现象。您看我板上的木纹跟旁边同学的木纹不一致，会不会劈裂的原因与木板纹路有关系呢？"听了他的话，大家都感到非常惊奇。本以为原因都找全了，怎么还会出现问题呢？这时，教师看到新的问题又出现了，而且大家都对这个话题感兴趣，于是就以"木板纹路与锯割角度、力度、速度的关系"为题，让大家进行分析讨论，并当场实验演示，体验不同纹路的木板在进行锐角锯割时，在力度、角度、速度上的不同。最后，大家得出结论：当遇到顺纹锯割时，要注意沿锯割线前进的方向，保持匀速前进，以免劈裂；当锐角锯割遇到横纹时，注意锯割速度不要过快，也要注意角度，顺势锯割，用力不能过猛。同学们总结后，再根据自己木板的纹路情况进行尝试练习，再没有出现过劈裂现象。下课前，教师又以"木材特点与锯割关系"为题，让学生课下开展进一步研究，以拓展知识。

（2）评析

在我们平时的教学中，经常会有各种生成问题出现，与我们的教学预设不一致。在上面的案例中，教师面对学生出现锯割木板劈裂这个问题，除了组织学生对前面讲的技术要领进行原因分析以外，当有个学生提出新观点——木纹因素的时候，教师看到这是前面教学预设中没有涉及的新的生成问题，也是同学们感兴趣但存在疑惑的问题，这时教师及时捕捉到教育时机，调整了教学走向，通过组织讨论及当场实验演示，让学生了解到木纹与劈裂的关系，并通过实际操作掌握了遇到不同纹路时，锐角锯割的技术处理方法。最后，同学们顺利地完成了锯割练习。下课前教师又给学生提出新的问题，引发思考，为拓展教学内容做好准备。本案例中教师能够准确把握教学设计的思路，灵活处理课堂生成性问题，控制了课堂教学的走向，恰当地完成了教学任务。

四、技能训练

1. 言语调控

（1）运用正面的言语调控

声音是人类交往与接触的主要形式，声音可以是刺耳的或者温和的，高傲的或者谦虚的，贬低的或者鼓励的，漠然的或者关心的，令人压抑的或者令人兴奋的，刺耳的或者愉快的，让人躁动的或者令人镇静的。

（2）运用幽默的言语调控

幽默是课堂教学的调味剂。当学生注意力分散时，教师可以运用幽默的言语调节教学的气氛，将学生的注意力集中到课堂上。

2. 非言语调控

（1）漠视反应

漠视反应是指对学生的干扰行为不予理睬或者是教师对学生的干扰行为保持沉默。所谓"此时无声胜有声"，漠视是应用了"消除强化"的原理，如果教师对学生的某些干扰行为予以漠视，不给予其强化，这样的行为将会减少。

（2）动作调控

教师的动作调控一般来说是比较有效的，他可以明确指出学生的不恰当行为，并及时帮助他纠正，需要注意的是，教师在做出适当动作时，教师的潜台词应是具有鼓励意义、积极正面的。

（3）眼神调控

眼睛是心灵的窗户。学生可以通过教师的眼神感受到教师对他的态度和看法，教师也可以从学生的眼睛中读出学生的需要和情感。眼神与眼神的交流就是存在与存在的交流。学生可以从教师充满爱的眼神中读出鼓励、激励与赞赏，从教师无奈的眼神中读出失望与谴责。在课堂教学中，教师的眼神调控是最为及时与有效的方式之一。学生的干扰行为出现时，教师用指责的眼神注视着学生并且延续一段时间，使学生体会到教师不喜欢他这样的行为，学生一般会中止该行为，重回课堂学习中。同时，眼神与眼神的交流，是具有针对性和及时性的，不会影响到其他学生的学习状态。

3．捕捉生成性问题

劳动与技术教育在课堂实施时，教师应该把执行课前预案看作是课程实施的一个起点，用心收集、捕捉和筛选学习活动中学生反馈出来的有利于促进学习者进一步学习、建构生动情境的鲜活课程资源，据此来调整教学行为，从而使课程实施由"执行预设"走向师生"互动生成"，使课程更有针对性、实效性。

（1）找准起点，调整课程：从"让学生先开口"中生成

劳技教师一般情况下，都要教一个年级的多个班，学生的起点不同，原有的认知水平不同，所以在上课之初，让学生先开口说说自己的爱好、特长、技能，已掌握的知识，及对新知的认知程度，了解这些信息后教师可以及时调整学习起点，因班施教，增强教学的针对性。

（2）纠错引新，丰富课程：从"妙用学生的错"中生成

在劳动与技术的学习过程中，学生由于知识水平、动手能力、生活经验等的影响，在思考、讨论、操作过程中往往会出现错误。面对这些错误，教师要因势利导，引发、探索引起这些错误的原因，继而引导，把这些错误原因转化为问题，从而促使学生自觉探索解决问题的办法。将学生的错误视作一种教学资源，那么我们将获得丰富的教学资源、丰富的学生学习体验等一系列意想不到的收获。

（3）由此及彼，拓展课程：从"巧用学生的话"中生成

课堂上，学生的回答中会有一些很有意义，又有挖掘潜能的话，我们如果能及时抓住这些"话"，巧用这些"话"中具有教学潜能的因素，灵活调整教学方案，就会使课堂上出现一些让人意想不到的精彩情境，收到出乎意料的效果。

（4）顺势延伸，提升课程：从"活用学生的疑"中生成

每节课都有教学重点和难点，尤其是难点问题，经常是学生会产生疑惑的地方。通过学生的疑，引导学生的思，从而生成新的教学深化点，使我们的课堂教学更有深度，提高学生学习的有效性。

▶▶ **活动四　能力训练**

①说明如何运用语言调控和非语言调控方式

a. 对学生进行激励：＿＿＿＿＿＿＿＿＿＿＿＿＿＿＿＿＿＿＿＿＿

b. 使学生放松：＿＿＿＿＿＿＿＿＿＿＿＿＿＿＿＿＿＿＿＿＿＿＿＿

c. 提醒学生集中注意力：＿＿＿＿＿＿＿＿＿＿＿＿＿＿＿＿＿＿＿

②当制作黄包车套材时，发现有的同学在统一样式的黄包车上加上了窗帘和风铃，您将怎么处理？＿＿＿＿＿＿＿＿＿＿＿＿＿＿＿＿＿＿＿＿＿＿＿＿＿＿＿＿＿

＿＿＿＿＿＿＿＿＿＿＿＿＿＿＿＿＿＿＿＿＿＿＿＿＿＿＿＿＿＿＿＿＿

③当学生用砂纸打磨作品时，发现有些特殊形状不好打磨，您会怎样处理？＿＿＿＿＿

＿＿＿＿＿＿＿＿＿＿＿＿＿＿＿＿＿＿＿＿＿＿＿＿＿＿＿＿＿＿＿＿＿

五、考核反思（见表6-4）

表6-4　"准确把握内容走向"能力要点的评价标准

评价要素	评价指标			权重
	合格（6分）	良好（7~8分）	优秀（9~10分）	
调控方法手段	使用单一调控方法手段	使用多种调控方法手段	使用多种调控方法手段，从多渠道捕捉生成性问题	0.5
学生反馈	关注学生反馈	重视学生反馈，及时反馈	重视学生反馈，及时反馈，灵活处理生成性问题	0.5

▶▶ **活动五　评价交流**

1. 针对活动四，小组内进行交流

①您采用的调控方式，是否达到了好的效果，大家对您提出了哪些建议？＿＿＿＿＿

＿＿＿＿＿＿＿＿＿＿＿＿＿＿＿＿＿＿＿＿＿＿＿＿＿＿＿＿＿＿＿＿＿

＿＿＿＿＿＿＿＿＿＿＿＿＿＿＿＿＿＿＿＿＿＿＿＿＿＿＿＿＿＿＿＿＿

②您及时关注了学生的反馈吗？＿＿＿＿＿＿＿＿＿＿＿＿＿＿＿＿＿＿＿＿＿＿

＿＿＿＿＿＿＿＿＿＿＿＿＿＿＿＿＿＿＿＿＿＿＿＿＿＿＿＿＿＿＿＿＿

③提出的建议比较好的是哪个？好的原因是：＿＿＿＿＿＿＿＿＿＿＿＿＿＿

＿＿＿＿＿＿＿＿＿＿＿＿＿＿＿＿＿＿＿＿＿＿＿＿＿＿＿＿＿＿＿＿＿

＿＿＿＿＿＿＿＿＿＿＿＿＿＿＿＿＿＿＿＿＿＿＿＿＿＿＿＿＿＿＿＿＿

④把大家提出的值得借鉴的方法自己进行整理：＿＿＿＿＿＿＿＿＿＿＿＿＿＿

＿＿＿＿＿＿＿＿＿＿＿＿＿＿＿＿＿＿＿＿＿＿＿＿＿＿＿＿＿＿＿＿＿

2.自我评价

参考评价标准，填写表6-5自己评价一下已达到的水平。

表6-5　自评评价表

评价要素	评价指标			权重
	合格（6分）	良好（7~8分）	优秀（9~10分）	
调控方法手段	使用单一调控方法手段	使用多种调控方法手段	使用多种调控方法手段，从多渠道捕捉生成性问题	0.5
学生反馈	关注学生反馈	重视学生反馈，及时反馈	重视学生反馈，及时反馈，灵活处理生成性问题	0.5
在表中填上自己分数，考虑权重，总得分是：				

3.小组评价（见表6-6）

表6-6　小组评价表

评价要素	评价指标			权重
	合格（6分）	良好（7~8分）	优秀（9~10分）	
调控方法手段	使用单一调控方法手段	使用多种调控方法手段	使用多种调控方法手段，从多渠道捕捉生成性问题	0.5
学生反馈	关注学生反馈	重视学生反馈，及时反馈	重视学生反馈，及时反馈，灵活处理生成性问题	0.5
在表中填上组内成员给你的分数，考虑权重，总得分是：				

4.听取大家的建议后，你认为自己

尚有欠缺的方面是：_____

_____

分析原因：_____

_____

改进措施是：_____

_____

六、填写日志

填写培训日志:通过今天的学习，您有什么收获和想法，请填写在表6-7的培训日志中。

表6-7 培训日志

课　次		学习内容	
主讲教师		上课地点	
本课程您最关注的问题：			
本课程您的感受是：			

阅读资料

1. 课堂调控的主体

课堂调控的主体是教师，教师是课堂调控的执行者，教师为了保证课堂教学的成功，对教师的"教"和学生的"学"进行适时调控和指导。

2. 课堂调控的对象

课堂教学调控属于教师课堂管理行为。在课堂中，教师需要对学生的行为进行调控，需要排除学生的打断和干扰，并且在需要的时候还得对付破坏活动，教学调控是教学设计的一个可延展性的特征，可以产生即时的非常明显的效果。

3. 通过反馈调控教学节奏、教学内容和教学进程

（1）教师通过提问获得学生的语言反馈信息，从而了解学生听课情况，以此为依据及时调控教学节奏

课堂上，当学生对教师提出的问题答非所问时说明学生的注意力不集中，教师就要及时变换节奏，穿插一些生动有趣、轻松活泼的内容，以使学生精力集中。当学生支支吾吾、不知所云时说明学生对教学内容难以理解，教师不能一味地施加压力，可采取适当方法活跃一下课堂气氛，调节学生的紧张情绪，以利于更好地理解教学内容，或是换一个角度，想一个更好的方法来教这部分内容。当学生对教师提出的问题不屑一顾或准确无误地回答时，说明了学生已经掌握了教学内容，教师就要加快节奏，否则就会出现学生情绪松懈的现象。总之，教师要统观全局，审时度势，善于根据学生的语言反馈的信息及时调整教学的进程、方法，使课堂教学的节奏更适合于学生的认知状况，以收到较好的教学效果。

（2）根据学生的眼神反馈调控教学节奏

意大利艺术家达·芬奇说："眼睛是心灵的窗户。"德国古典哲学家黑格尔也认为："人们从这眼睛里可以认识到内在的无限自由的心灵。"眼神是情感的反映和流露，教师要善于捕捉学生眼神中的微妙变化，获取反馈信息，进而及时调整教学节奏，争取更好的教学效果。学生的眼神常常能表现学生对教学的反应：学生对讲课内容感兴趣时，眼神是闪光、兴奋的，知道学生在跟着教师的思路走，教师就可以保持讲课的节奏，或增大知识的传授量；不感兴趣或疲劳时，眼神是呆滞的，教学应变化一下节奏，轻松一下，穿插一些有趣味性的东西，以活泼课堂气氛；学生已听懂教学内容，注意力分散时，眼神是漫不经心的，应加快节奏，增加密度。

4.课堂教学预设

预设与生成是构成教学中的一对基本矛盾。教学中的预设是指教师在教学活动之前，对课堂的系统化设计，是教师对学生可能经历的过程或所要达到的教学目标的预测和假定，是教师在系统钻研教学内容和认真分析学生的实际情况以及对以往相关教学行为、结果深刻反思的基础上对教学过程的理性思考和安排。新课程理念下同样强调课堂教学的预设，并将预设视为课堂教学的基本特性，保证教学质量的基本要求。

5.预设与生成的关系

预设体现教学的计划性和封闭性，生成体现教学的动态性和开放性。生成往往要基于预设，没有充分的预设，难以捕捉到有价值的生成内容；而生成又是对预设的丰富、拓展或调节、重建，此时，两者表现为一种统一的关系。但预设与生成也有对立的一面，两者体现的教学理念和价值追求不一样。预设重视显性的、结果性的、标准性的目标，生成则关注隐性的、过程性的、个性化的目标。基于此，教师必须清楚，无论是预设还是生成，都要服从于有效的教学和学生的发展。

6.如何把握处理生成问题

如何在具体的教学实践中科学地把握、处理预设与生成的关系，是教师需要关注的问题。课堂是一个充满不确定定性的场所，虽然学者对各种动态生成性资源做了归类，但其常常是异于常态地与我们不期而遇，因此在开发利用课堂动态生成性资源的过程中，教师应具有独特的教育机智。在师生共同进行问题探讨的过程中化解矛盾冲突；捕捉学生在平凡中的发现，在对事物的比较探究中抓住问题实质；在反常态的问题处置中因势利导；发掘与课堂关联的教育因素点石成金等——这些积极的实践都有助于提升教师的教育智慧。

模块7 关注个体分层指导

学习目标

● 知道《检核标准》对"关注个体分层指导"的层次要求。

● 能通过课堂观察及时准确地掌握学生情况。

● 能选择恰当时机，灵活运用多种方法，对学生进行有效指导。

一、问题提出

▶▶ 活动一 热身

火眼金睛找不同：您能找出图 7-1 中两幅画面中九处不同之处吗？限时 1 分钟，在图上画出，快来试试吧。

图 7-1 找不同图

①在限定时间内您能找出几处不同？ 1~3 处＿＿＿＿＿＿＿＿＿、4~6 处＿＿＿＿＿＿＿＿＿、7~9 处＿＿＿＿＿＿＿＿＿

②试分析找出不同处不同数量的原因？＿＿＿＿＿＿＿＿＿＿＿＿＿＿＿＿＿＿＿＿＿

＿＿

▶▶ **活动二　前测**

　　教师布置任务，请学生设计并制作一个桥梁模型。活动中教师详细地教授了从草图到模型实现的流程和方法，介绍了制作中的注意事项，揭示了过程中易出现的盲点并对难点进行了解析。教师安排学生自发地分组完成该任务。任务完成情况如下：

　　第一组（随机结合）:教师在过程中试图进行指导，但因意见不一，仅对草图实现了一半，其他未能继续实施。

　　第二组（按座位关系以邻居分组）：教师指出了实现了草图，但因组员成员中缺少动手能力强的同学，也未做有效的协调，因此模型未能成型。

　　第三组（挑选分组）：根据大家的分工，教师做了分别指导，小组成员有效协作并顺利完成了任务。作品如图 7-2 所示。

图 7-2　设计制作的"桥梁"

①请根据以上内容，简要说明为什么这三个分组方式的形成有较大差异的结果？

_____

_____

②如果是您，您将采用怎样的分组方式？ _____

_____

_____

③您采用了这样的分组方式后，将怎样进行指导？ _____

_____

_____

　　在实际教学过程中，由于学生的成长环境、家庭教育、主观努力程度和个人先天素质等诸多方面因素的影响，学生之间在学习态度、学习习惯、学习兴趣等方面都有很大的不同，在思维方式、理解能力等方面也会有明显的差异。

关注个体分层指导就是根据不同学生的基础能力、爱好、品质等智力和非智力因素，将学生进行合理的分类，针对各层次，分别设计不同的教学目标，采用不同的教学方法，提出不同的作业要求和评价标准，从而实施不同层次的指导，使各层次的学生能在现有的"最近发展区"上不断创造出更高水平的"最近发展区"，促进学生的发展。

二、标准解读（见表 7-1）

表 7-1 《检核标准》中关于"关注个体分层指导"能力要点的检核标准

能力要点	合格	良好	优秀
关注个体分层指导	能够观察各类典型学生的反应，对边缘学生予以特别关注，并能适时对学生进行个别指导	能够了解不同学生的个性特点、学习风格和学习态度，对沉默和边缘的学生进行情感和智力支持	能够通过不同的教学方式照顾不同学生的学习基础、个性特点和学习风格，并能布置有一定层级的学习任务

三、名词解释

1. 学习指导技能

学习指导技能是指在教学环境中，教师以学生学习的心理过程为依据，为学生的自主学习等创设有利环境，对学生的学习动机、过程、方法进行指导，从而促进学生发展的教学行为方式。

2. 分层教学

分层教学就是教师根据学生现有的知识、能力水平和潜力倾向把学生科学地分成几组各自水平相近的群体并区别对待，这些群体在教师恰当的分层策略和相互作用中得到最好的发展和提高。分层教学又称分组教学、能力分组，它是将学生按照智力测验分数和学业成绩分成不同水平的班组，教师根据不同班组的实际水平进行教学。

3. 个性

所谓个性就是个别性、个人性，就是一个人在思想、性格、品质、意志、情感、态度等方面不同于其他人的特质，这个特质表现于外在就是他的言语方式、行为方式和情感方式等。任何人都是有个性的，也只能是一种个性化的存在，个性化是人的存在方式。

4. 一般认知能力差异

一般认知能力高的学生已具备有效的学习策略，外界施加的学习策略训练反而会干扰他们对自己的已有成功学习策略的调用；相反，一般认知能力低的学生缺乏有效的学习策略，所以事先提供学习策略的训练有助于他们运用这些策略更有效地学习。总之，对于一般认知能力不同的学生应采取不同类型的教学。有学者建议对于一般认知能力低的学生，教学中应采用明白、直接的结构化教学方法，提倡有指导的学习。此外对于这种类型的学生，教师可预先提供恰当的训练，旨在培养他们掌握科学高效的学习策略，同时还应训练他们在新的学习任务中真正灵活地运用这些策略。

5. 边缘学生

边缘学生指在教学活动中，关注不到的、容易被忽视的学生。

6. 典型学生

典型学生在某些学习行为上表现为突出或沉默的少数学生。

7. 情感

情感是态度这一整体中的一部分，它与态度中的内向感受、意向具有协调一致性，是态度在生理上的一种较复杂而又稳定的生理评价和体验。情感包括道德感和价值感两个方面，具体表现为爱情、幸福、仇恨、厌恶、美感，等等。

▶▶ **活动三　讨论与交流**

请小组成员通过以上标准解读和名词解释，回顾在实际教学过程中，遇到的不同的学生类型及对其指导的方法，同本组教师进行交流。

①您遇到的"边缘学生"或"典型学生"的类型？ _____

_____

②举一个例子，分析一下造成该学生行为"边缘"或"典型"的原因： _____

_____

③针对"边缘"或"典型"学生特征，您都采用过哪些有效指导的方法： _____

_____

④在指导过程中遇到了什么问题： _____

_____

⑤如果再次指导，如何解决这个问题： _____

_____

案例分析

案例1

通用技术

以苏教版《技术与设计1》七章第三节《制作模型》为例。

1.合格

（1）示例

学生分小组进行台灯的制作。在一个小组中，有个学生的ED灯焊接的焊点不符合要求。教师发现后指出了他的问题产生的原因，并进行了单独演示，再让学生按照教师演示的方法重新焊接，直到焊接成功。

另外还有一个学生坐在那里不参与任何制作活动。只是看着同组的学生忙着制作台灯的外观。教师观察后询问这个学生不参与制作的原因，这个学生说："我会做的她们在做，我插不上手，剩下的就是我不会做的了。"教师让他在别的同学制作台灯外观的时候做一些电路部分焊接的准备工作，将这个学生的积极性调动了起来。

（2）评析

教师在教学中能够观察到各类典型学生的反应，对于制作方法有问题的学生能够进行有针对性的辅导，对于不能参与到制作活动中的学生能够进行适当的引导，使他参与到学习活动中来，达到了检核标准的合格水平。

2.良好

（1）示例

在制作台灯的教学中，教师观察到一个学生不参与小组的制作活动，而是自己在那里画画。教师发现后对该生的画进行了称赞，然后引导该生说："你的美术功底好，你们组的台灯的美化工作就交给你了。"该生得到了老师的肯定后积极参与到台灯的美化制作活动中。在此期间，教师还对该生进行了技术上的指导，使他的艺术才能在技术制作中得到很好的应用。在作品完成后教师特意对该组的作品在美观方面进行了表扬和肯定。该生的学习积极性得到了很大的提高。

（2）评析

教师及时关注到了学生的个性特点和特长，对于边缘学生能够进行情感上的肯定和技术上的指导，使之能够参与到学习活动中来，达到了检核标准的良好水平。

3.优秀

（1）示例

在制作台灯模型的教学中，教师首先在全班讲解了制作的要点。除此之外教师针对学生不同的学习基础准备了教学资料，包括焊接方法视频、电路连接图等放到了网上，学生可以根据自己的情况在制作过程中遇到问题及时查阅。另外布置了两个级别的任务供学生选择：①完成基本的台灯功能；②完成一个多功能台灯。

（2）评析

教师能够在考虑全班基本情况的基础上考虑到学生制作水平的差异，除了全班讲解外还准备了网上资料，供制作基础差的学生参考。另外能够布置不同层级的任务供学生选择，达到了检核标准的优秀水平。

案例2

劳动技术

以北京出版社初中劳动技术学科《劳动技术——木工设计与制作》第一单元《工具与操作技术》中"怎样锯曲线"为例。

1. 合格

（1）示例

在学习完曲线锯割要领后，学生进行锯割操作，教师巡视，观察学生锯割操作。教师观察到A同学紧握曲线锯非常费力地锯割，锯割时断时续，板材被锯割得参差不齐。A同学平时上课听讲随意性大，有时听，有时根本不听，自学能力和基础较差。教师耐心细致地讲解曲线锯割的要领，揭示操作技巧并做示范指导，使学生独立地完成了曲线锯割。

（2）评价

能及时发现学习困难的学生并从学生实际出发，通过注重基础，多反复，补欠缺，补方法，对不能顺利完成学习任务的学生进行个别指导，达到了检核标准能力的合格标准。

2. 良好

（1）示例

在学习完曲线锯割要领后，学生进行锯割操作，教师巡视，观察学生锯割操作。教师观察到B同学能够锯割，但是锯割效果不好。××同学在学习时，有一定的兴趣，接受能力较好，但基础不够扎实，自觉性较差，但有一定的能力和潜力，思想上需要教师的重视，学习上需要教师的帮助、督促和辅导。教师了解B同学的情况后对他进行指导时，注重双基扎实，培养他善于提出问题的能力，使他重树力争上游的态度和信心，侧重解决他学习态度、学习方法、学习策略的问题。通过慢变化、多练习、勤反馈、适当增加速度，学生的操作水平有所提高。对学生的操作情况，教师及时给予了肯定和表扬。

（2）评价

能了解学生的个性特点、学习风格和态度，发挥学生非智力因素的作用，让他们感到只要努力，都能感受到成功的快乐，以此来促使他们积极参与到课堂教学活动中。这种做法有利于树立学生的自信心，激发学生学习的兴趣进而达到提高成绩的目的。这种指导学生的方式达到了检核标准能力要点的良好标准。

3.优秀

（1）示例

在学习完曲线锯割要领后，学生进行锯割操作，教师巡视，观察学生锯割操作。看到 C 同学能够根据曲线锯割要领很好地完成锯割。C 同学基础功底扎实，学习主动，对学习有较浓厚的兴趣，接受能力强，并有超前的学习愿望。教师观察 ×× 同学的情况，在确保基础之上，适当拓展曲线锯割的深度、难度，注重培养学生的创新能力和实践能力。要求学生会学、多学一点，重自学、自控、发现问题和解决问题的能力的培养，掌握科学的学习方法、策略、经验，学习内容适度扩大，密度适当加大。

（2）评价

能根据学生的实际情况，通过不同的教学方式分层次指导，因材施教的教学原则就落到了实处，避免"一刀切""齐步走"的传统教学方式。这种指导达到了检核标准能力要点的优秀标准。

四、技能训练

根据新课程的理念，依据不同学生的学习基础、个性特点和学习风格进行分层指导。

▶▶ **活动四　能力训练**

请根据高中通用技术《技术与设计1》的第七章中第三节"制作模型"，或以初中劳动技术"锡焊技术"的教学内容为例，完成以下任务。

①在您的教学过程中，学生表现出的主要差异有哪些？＿＿＿＿＿＿＿＿＿＿＿＿＿＿＿＿＿

造成这种差异的主要原因是什么？＿＿＿＿＿＿＿＿＿＿＿＿＿＿＿＿＿＿＿＿＿＿＿

＿＿＿＿＿＿＿＿＿＿＿＿＿＿＿＿＿＿＿＿＿＿＿＿＿＿＿＿＿＿＿＿＿＿＿＿＿＿＿

②是否存在"边缘"或"典型"的学生？如果存在，其表现的主要特点是什么样？

＿＿＿＿＿＿＿＿＿＿＿＿＿＿＿＿＿＿＿＿＿＿＿＿＿＿＿＿＿＿＿＿＿＿＿＿＿＿＿

＿＿＿＿＿＿＿＿＿＿＿＿＿＿＿＿＿＿＿＿＿＿＿＿＿＿＿＿＿＿＿＿＿＿＿＿＿＿＿

③你了解这些学生产生"边缘"或"典型"的原因吗? _____

_____

④针对"边缘"或"典型"学生，您都采用过哪些有效指导的方法? _____

_____

⑤是否存在指导基本无效的情况? 如果再次指导，您如何解决这个无效的问题?

_____

_____

五、考核反思（见表 7-2）

表 7-2 《检核标准》中关于"关注个体分层指导"能力要点的评价标准

评价要素	评 价 指 标			权重
	合格（6分）	良好（7~8分）	优秀（9~10分）	
关注学生典型类型	能观察学生的反应，关注边缘学生	能了解学生的个性特点、学习风格、态度	能照顾学生的学习基础、个性特点、学习风格	0.4
分层指导方法	从学生实际出发，通过注重基础，多反复、补欠缺、补方法，对边缘学生进行个别指导	根据学生实际情况，发挥学生非智力因素的作用，树立学生的自信心，激发学生学习的兴趣	根据学生实际情况，通过不同的教学方式分层次指导	0.6

▶▶ 活动五 评价交流
- - - - - - - - - - - - - - - - - - - -

1. 交流分享

在小组交流活动四列出的分层指导的方法中，看看大家都遇到了哪些相同和不同的情况。

相同之处: _____

_____

不同之处: _____

_____

如有不同之处，您是服从了别人的意见，还是别人服从了您的意见? _____

_____

_____

2. 自我评价

参考评价标准，填写表 7-3 评价一下自己已达到的水平。

表 7-3　自评评价表

评价要素	评 价 指 标			权重
	合格	良好	优秀	
关注学生典型类型				0.4
分层指导方法				0.6
在表中填上自己的分数，考虑权重，总得分是：				

3. 小组评价（见表 7-4）

表 7-4　小组评价表

评价要素	评 价 指 标			权重
	合格	良好	优秀	
关注学生典型类型				0.4
分层指导方法				0.6
在表中填上组内成员给您的分数，考虑权重，总得分是：				

4. 听取大家的建议后，您认为自己

尚有欠缺的方面是：_____

_____

分析原因：_____

_____

改进措施是：_____

_____

六、填写日志

填写培训日志：通过今天的学习，您有什么收获和想法，请填写在表 7-5 的培训日志中。

表 7-5　培训日志

课　次		学习内容	
主讲教师		上课地点	
本课程您最关注的问题：			
本课程您的感受是：			

阅读资料

一、性格的类型

性格的类型是指一类人身上所共有的性格特征的独特结合。按一定原则和标准把性格加以分类，有助于了解一个人性格的主要特点和揭示性格的实质。由于性格结构的复杂性，在心理学的研究中至今还没有大家公认的性格类型划分的原则与标准。现将有代表性的观点加以简介。

1. 以心理机能优势分类

这是英国的培因（A. Bain）和法国的李波特（T. Ribot）提出的分类法。他们根据理智、情绪、意志三种心理机能在人的性格中所占优势不同，将人的性格分为理智型、情绪型、意志型。理智型的人通常以理智来评价周围发生的一切，并以理智支配和控制自己的行动，处世冷静；情绪型的人通常用情绪来评估一切，言谈举止易受情绪左右，这类人最大的特点是不能三思而后行；意志型的人行动目标明确，主动、积极、果敢、坚定，有较强的自制力。除了这三种典型的类型外，还有一些混合类型，如理智 - 意志型，在生活中大多数人是混合型。

2. 以心理活动的倾向分类

这是瑞士心理学家荣格（C. G. Jung）的观点。荣格根据一个人里比多的活动方向来划分性格类型，里比多指个人内在的、本能的力量。里比多活动的方向可以指向内部世界，也可以指向外部世界。前者属于内倾型，其特点是处世谨慎，深思熟虑，交际面窄，适应环境能力差；后者为外倾型，其特点是心理活动倾向于外部，活泼开朗，活动能力强，容易适应环境的变化。这种性格类型的划分，在国外已应用于教育和医疗等实践领域。但这种类型的划分，仍没摆脱气质类型的模式。

3. 以个体独立性程度分类

美国心理学家威特金（H. A. Witkin）等人根据场的理论，将人的性格分成场依存型和场独立型。前者也称顺从型，后者又称独立性。场依存型者，倾向于以外在参照物作为信息加工的依据，他们易受环境或附加物的干扰，常不加批评地接受别人的意见，应激能力差；场独立型的人不易受外来事物的干扰，习惯于更多地利用内在参照即自己的认识，他们具有独立判断事物、发现问题、解决问题的能力，而且应激能力强。可见这两种人是按两种对立的认知方式进行工作的。

4. 以人的社会生活方式分类

德国的心理学家斯普兰格（E. Spranger）从文化社会学的观点出发，根据人认为哪种生活方式最有价值，把人的性格分为六种类型，即经济型、理论型、审美型、宗教型、权力型、社会型。现实生活中，往往是多种类型的特点集中在某个人身上，但常以一种类型特点为主。

二、认知方式差异

认知方式又称认知风格，是个体在知觉、思维、记忆和解决问题等认知活动中加工和组织信息时所显示出来的独特而稳定的风格。学生间认知方式的差异主要表现在场独立与场依存、沉思型与冲动型、辐合型与发散型等方面。

1.场独立与场依存

场独立和场依存这两个概念最初来源于威特金对知觉的研究。在第二次世界大战期间，他研究飞行员怎样利用来自身体内部的线索和视觉见到的外部仪表的线索调整身体的位置。研究发现有些被试者主要利用来自仪表的视线索，另一些人则主要利用来自身体内部的线索。前一种人的知觉方式为场依存方式，后一种人的知觉方式为场独立方式。后来的研究发现，场独立与场依存是两种普遍存在的认知方式。具有场独立方式的人对客观事物做判断时常常利用自己内部的参照，不易受外来的因素影响和干扰，在认知方面独立于他们的周围背景，倾向于在更抽象的分析水平上加工，独立对事物做出判断。具有场依存方式的人对物体的知觉倾向于以外部参照作为信息加工的依据。他们的态度和自我知觉更易受周围的人们，特别是权威人士的影响和干扰，善于察言观色注意并记忆言语信息中的社会内容。

2.沉思型与冲动型

在有几种可能解答的问题情境中，有些儿童倾向于深思熟虑且错误较少。这种认知方式被称为沉思型认知方式。另一些儿童则倾向于很快地检验假设且常常出错。这种认知方式被称为冲动型认知方式。冲动与沉思的判断标准是反应时间与精确性。

3.辐合型与发散型

据美国的吉尔福德研究，辐合型认知方式是指个体在解决问题过程中常表现出辐合思维的特征，表现为搜集或综合信息与知识，运用逻辑规律缩小解答范围，直至找到最适当的唯一正确的解答。而发散型认知方式则是指个体在解决问题过程中常表现出发散思维的特征，表现为个人的思维沿着许多不同的方向扩展，使观念发散到各个有关方面，最终产生多种可能的答案而不是唯一正确的答案，因而容易产生有创见的新颖观念。

三、良好态度与品德的培养

教师可以综合应用一些方法来帮助学生形成或改变态度和品德。常用而有效的方法有说服、榜样示范、群体约定、价值辨析等。

1.有效说服

教师经常应用言语来说服学生改变态度，在说服的过程中，教师要向学生提供某些证据或信息，以支持或改变学生的态度。对于理解能力有限的低年级学生，教师最好只提供正面论据，以免学生产生困惑无所适从。对于理解能力较强的高年级学生，教师可以考虑提供正反两方面的论据，使学生产生客观、公正的感觉，从而相信教师所言改变态度。

2. 榜样示范

由于榜样在观察学习中的重要作用，因此，给学生呈现榜样时应考虑到榜样的年龄、性别、兴趣爱好、社会背景等特点，以尽量与学生相似，这样可以使学生产生可接近感，避免产生高不可攀或望尘莫及之感。另外给学生呈现受人尊敬、地位较高、能力较强且具有吸引力的榜样，这样的榜样具有感染力和可信性，使学生产生情感共鸣。榜样本身也容易成为学生向往的、追随的对象，可激发学生产生见贤思齐的上进心。学生希望通过学习这样的榜样来发展自我、完善自我。

榜样行为的示范有多种方式，既可以通过直接的行为表现来示范，也可以通过言语讲解来描述某种行为方式，既可以是身边的真人真事的现身说法的示范，也可以借助于各种传播媒介象征性地示范。教师可以根据实际情况，选择和充分利用恰当的示范方式。一般而言多种示范方式的结合是较有效的。教师作为学生的榜样也应注意其示范作用必须言行一致才能取得良好的教育效果，而且身教重于言教。此外，各种大众传播媒介也应发挥其独特的作用为学生提供良好的榜样示范。

由于观察学习受到多种因素的影响，因此，即使呈现最引人注目的榜样也不一定使观察者产生相同的行为。为了使学生能够最大限度地做出与榜样的示范行为相匹配的反应，教师需要反复示范榜样行为，并给予指导。当学生表现出符合要求的行为时，应给予鼓励。

3. 群体约定

研究发现经集体成员共同讨论决定的规则、协定对其成员，有一定的约束力，使成员承担执行的责任。一旦某成员出现越轨或违反约定的行为则会受到其他成员的有形或无形的压力迫使其改变态度。教师则可以利用集体讨论后做出集体约定的方法来改变学生的态度。具体可按如下程序操作：

第一，清晰而客观地介绍问题的性质。

第二，唤起班集体对问题的意识，使他们明白只有改变态度才能更令人满意。

第三，清楚而客观地说明要形成的新态度。

第四，引导集体讨论改变态度的具体方法。

第五，使全体学生一致同意把计划付诸实施，每位学生都承担执行计划的任务。

第六，学生在执行计划的过程中改变态度。

第七，引导大家对改变的态度进行评价，使态度进一步概括化和稳定化。

4. 价值辨析

研究者认为人的价值观刚开始不能被个体清醒地意识到，必须经过一步步的辨别和分析才能形成清晰的价值观念并指导自己的道德行动。在价值观辨析的过程中，教师引导学生利用理性思维和情绪体验来检查自己的行为模式，鼓励他们努力去发现自身的价值观并根据自己的价值选择来行事。有多种策略可以促进辨析，如大组或小组讨论解决假定的与真实的两难问题等。针对个体时，教师抓住个别学生表示某种态度、志向、目的、兴趣及活动的时机做出适当而简短的言语反应，以促使学生对自己的言行做进一步的反省与探讨，达到辨析并形成自己的价值观的目的。针对团体时可通过讨论让每个人都公开表示自己的意见，了解其他人持某种价值观的理由，以促进学生的道德认知和做出正确的道德抉择。

四、能力

能力是使人能成功完成某项活动所必须具备的心理特征。它与气质和性格的不同表现在：能力必须通过活动才能体现出来，当然活动中也会体现出性格和气质方面的差异，但完成该项活动所必须和必备的心理特征才是能力。例如，完成一幅绘画作品的活动需要具备色彩鉴别能力、形象思维能力、空间想象能力等不同能力的有机组合。需要注意的是，能力并不等同于知识和技能，知识是信息在头脑中的储存，技能是个人掌握的动作方式。解一道数学题时，所用的定义和公式属于知识，解题过程中的思维灵活性和严密性则属于能力。学会骑自行车是一种技能，而掌握该技能的过程中体现出的灵活性、身体平衡性则是一种能力。

通常能力有四种分类：

1. 模仿能力和创造能力

模仿能力指的是，对于既有行为模式模仿复制的能力。创造能力是与发散思维有关的能力，是新的思维组织产生的能力。

2. 流体能力和晶体能力

流体能力指在信息加工和问题解决过程中所表现的能力，它较少依赖于文化和知识的内容，而决定于个人的禀赋。晶体能力是指获得语言、数学知识的能力，它决定了后天的学习，与社会文化有密切的关系。晶体能力一生一直在发展,25岁之后发展速度趋缓。

3. 一般能力和特殊能力

一般能力是一个人在普遍活动中表现出来的能力，如记忆力。特殊能力是人在特殊情况下表现出的能力，如演讲能力。

4. 认知能力、操作能力和社交能力

认知能力指的是认知相关事物的能力，包括记忆、思维、想象等。操作能力是指一个人控制肢体运动的能力。社交能力指的是人在社会交往中所运用的综合社会能力。

五、维果茨基关于"最近发展区"的理论

"最近发展区"的理论认为，每个学生都存在着两种水平：一是现有水平，二是潜在水平，它们之间的差距被称为"最近发展区"或"教学最佳区"。教学就是这样一个由潜

在水平转化为新的现有水平，并不断创造新的最近发展区的过程。根据这种理论，人的个别差异既包括现有水平的差异，也包括潜在水平的差异，只有从这两种水平的不同层次的差异出发，才能不断地建立新的最近发展区，才能使教学成为促进发展的真正手段。

六、"教学形式最优化"的理论

巴班斯基关于教学形式最优化的理论认为，当传授容易理解的新教材进行书面练习和实验时，宜采用个别教学为最好，这时教师要进行个别指导。当必须采用不同深度的新材料或练习演算时，可进行不同方案的临时分组：学困生做易做的题目，教师提供纲要信号、辅导卡片或助手辅导；优生做难题，讨论学习的多种方案。当讲授内容复杂、分量较多的新教材，而又不能采用个别和分组教学形式时，应采用集体讲授或集体谈话的形式。他主张实行这 3 种教学形式的最佳结合。

七、布鲁姆提出的"掌握学习理论"

布鲁姆提出的掌握学习理论强调每个学生都有能力理解和掌握任何教学内容。只要提供适当的学习条件，多数学生在学习能力、速度和动机方面的个别差异将消失，95%的学生将获得较高的学习成绩。而多层次教学正是实现他的"从差异出发达到消灭差异"的理论构想的有效手段。

八、学习风格

学习风格是学习者在学习过程中偏爱的、习惯化了的带有个性色彩的学习方式，是个性化了的学习策略和学习倾向的总和。例如：面对问题，有的学生较为冲动，有的学生较为慎重；有些学生不管他的伙伴怎么想而自己做出决定；有些学生则依赖于教师或伙伴的指导；有些学生主要通过听觉系统来学习；有些学生则只要通过视觉系统来学习；有些学生喜欢通过做或模仿来学习；有的喜欢独立学习，而有些学生喜欢在小组中学习；等等。学习风格是影响学生差异发展的重要变量之一。

1.记录型学习者

这类学生更倾向于用笔记录，在记录的过程中他们能更好地记住所书写的内容，并在以后经常翻阅，达到加深记忆的效果。同时他们还会用不同颜色的笔对重点和难点做出标记，以方便以后的学习。

2.视觉型学习者

他们记住知识的最佳方式是亲眼见到。电影、教育电视及博物馆、展品会可以帮助他们很好地学习。

3.动手型学习者

这类学生在学习中需要较多的身体活动参与，才能记住课堂教学的内容。动手项目，如模型制作以及节目表演，是其一种有效的学习手段。

4.自由型学习者

这类学生在不太严格的学习环境中，成绩突出。躺在舒适的软椅上，也许比书桌和直背椅子更能提高他们的学习成绩。

5.伴音型学习者

这类学生在学习时，需要用声音作为一种背景，才能更好地集中思想。一些电台播放的摇滚乐会促进他们学习，而不会干扰他们。

九、学习内部动机差异

这里主要指学生学习动机的差异。学习动机是用来说明发动和维持学生某种学习行为以达到一定目标的各种因素的一个中介变量，它由需要、兴趣、情感、意志等非智力因素构成，虽然并不直接参与对教学个体的认知过程，但通过发起或中止，增强或削弱认知活动，间接地影响认知过程，在课堂教学中，教师应深入了解学生在学习动机上的实际状态及其个体差异，并及时采取教育措施给予调整。学习动机包括以下类型：

①父母长辈们的期望；

②健康良好的竞争心理；

③对自己的积极期望心理。

十、认知方式差异

1.场独立型与场依存型

场独立型的学习者偏爱自然学科，数学成绩好，两者呈显著的正相关，他们的学习动机以内在动机为主；而场依存型的学习者则偏爱社会学科，他们的学习更多地依赖外在反馈，对人比对动物更感兴趣。场独立型的学习者善于运用分析的知觉方式；而场依存型的学习者偏爱非分析的、笼统的或整体的知觉方式。场独立型的学习者更倾向于冲动、冒险，凡事由个人的意志所决定；场依存型的学习者则表现得较为谨慎，不愿冒险。

2.冲动型和沉思型

深思型学生在碰到问题时倾向于深思熟虑，用充足的时间考虑、审视问题，权衡各种解决问题的方法，然后从中选择一个满足多种条件的最佳方案，因而错误较少。冲动型学习者倾向于很快地检验假设，根据问题的部分信息或未对问题做透彻的分析就仓促做出决定，反应速度较快，但容易发生错误。

3.整体型和序列型

采取整体型策略的学生在从事学习任务时，往往倾向于对整个问题将会涉及的各个子问题的层次结构以及自己将采取的方式进行预测，而且，他们的视野比较宽，能把一系列子问题组合起来，而不是一碰到问题就立即着手一步一步地解决。采取系列型策略的学生，一般把重点放在解决一系列子问题上。他们在把这些子问题联系在一起时，十分注重其逻辑顺序。由于他们通常都按顺序一步一步地前进，所以，只是在学习过程快结束时，才对所学的内容形成一种比较完整的看法。

模块 8　掌握学业评价标准

⬤ **学习目标**

⬤ 知道《检核标准》对"掌握学业评价标准"的层次要求。

⬤ 根据教材的评价标准，有针对性地制定检测学生掌握该课程知识和技能的评价方法和标准。

⬤ 制定检测学生掌握该课程知识和技能的评价方法和标准，并且评价标准中有对知识和能力引发思考或激发兴趣的渗透。

一、问题提出

▶▶ **活动一　学做饺子**

张某是一个喜欢烹调美食、善于交友的年轻人。一天，张某邀请两位外籍朋友来家里做客。两个朋友早就耳闻饺子是中国传统的美食，希望借助这次家庭聚会能尝尝地道的中国饺子。聚会当天，两位朋友一直夸赞张某做的饺子非常好吃，并且爱上了美味的饺子，提出想向他学习做饺子，并且希望能够将这种传统美食带给身边的人。张某愉快地答应了两人的请求，并且承诺一定可以教会两人包饺子。

为了让外国朋友一方面学会做饺子，一方面了解中国文化，张某不仅介绍了饺子的来历，还非常细致地讲解了饺子的做法。并准备了做饺子的材料，带着两个朋友一起体验了做饺子的全过程。

在上面的事例中，张某怎么知道是否真的教会了两个朋友做饺子？

①您怎样判断他的朋友学会了饺子的包法？＿＿＿＿＿＿＿＿＿＿＿＿

＿＿＿＿＿＿＿＿＿＿＿＿＿＿＿＿＿＿＿＿＿＿＿＿＿＿＿＿＿＿＿＿

＿＿＿＿＿＿＿＿＿＿＿＿＿＿＿＿＿＿＿＿＿＿＿＿＿＿＿＿＿＿＿＿

②评价他们做的饺子是否好吃，可以使用哪些标准？＿＿＿＿＿＿＿＿

＿＿＿＿＿＿＿＿＿＿＿＿＿＿＿＿＿＿＿＿＿＿＿＿＿＿＿＿＿＿＿＿

③为了提高兴趣，您怎样引导他们制作一些花式饺子？ _____

_____

_____

▶▶ 活动二 前测

　　请根据初中劳动技术的"曲线锯割"或高中通用技术苏教版教材《技术与设计2》中《系统与设计》章的第二节《系统分析》为例，分小组讨论并写出：

①教材的基本知识与技能是什么？

_____

_____

②评价学生掌握这些知识与技能的方法有哪些？ _____

_____

_____

③制定评价学生掌握这些知识与技能的标准： _____

_____

_____

　　教师对于学生掌握的学业进行评价，基本从知识、技能、情感态度三个方面进行评价，评价的维度也有所不同。教师在进行评价之前，既要知道课本中对于学生学习中要掌握、理解、知道的范畴，也要知道学生应当的、可能接受的认知度与实现程度，只有全面熟悉掌控各个维度，才能做出客观有效的评价标准。教师的评价能力可以分为几个等级，包括：合格、良好、优秀三个等级，每个等级都有相应的评价标准。

二、标准解读（见表8-1）

表8-1　《检核标准》中关于"掌握学业评价标准"能力要点的检核标准

能力要点	合格	良好	优秀
掌握学业评价标准	能够结合具体的教学内容解释学业评价标准中各目标动词的含义，并能选择符合评价标准的课堂检测题	能够根据相关的学业评价标准和学生的学习情况编制用于教科书的测试卷	能够根据相应的学业评价标准独立编制学期综合测试卷，有对学生思维和情感变化的观测点和具体的观测方法

三、名词解释

1. 学业评价

学业评价是指以国家的教育教学目标为依据，运用恰当的、有效的工具和途径，系统地收集学生在各门学科教学和自学的影响下认知行为上的变化信息和证据，并对学生的知识和能力水平进行价值判断的过程。

评价是一个非常复杂的过程。它本质上是一个判断的处理过程。Boom 将评价作为人类思考和认知过程的等级结构模型中最基本的因素。根据他的模型，在人类认知处理过程的模型中，评价和思考是最为复杂的两项认知活动。他认为："评价就是对一定的想法、方法和材料等做出价值判断的过程。它是一个运用标准对事物的准确性、实效性、经济性以及满意度等方面进行评估的过程。"综合多方面的因素，评价就是指，通过评价者对评价对象的各个方面根据评价标准进行量化和非量化的测量过程，最终得出一个可靠的并且符合逻辑的结论。

2. 评价依据

一方面要强调评价对学科教师教学的激励作用、诊断作用和促进作用。另一方面要注意弱化评价的选拔与甄别功能。评价结果要有利于激发学生的内在学习动机，帮助学生明确自己的不足和努力方向，促进学生进一步的发展。要尽量弱化评价对学生的选拔与甄别功能，减轻评价对学生造成的压力。教师也要根据评价的反馈结果，反思教学过程，改进教学方法，提高教学能力，逐步地形成评价与教学的相互促进作用。

3. 评价角度

学业评价可以从不同的角度分类，比较常见的有：按评价的目的，可分为选拔性评价、水平性评价、反馈学业评价表性评价；按不同的认知维度，可分为知识评价、技能评价、能力评价；按在教学过程中的作用，可分为形成性评价、诊断性评价、终结性评价；按评价的主体，可分为他人评价、自我评价。无论哪种类型的评价，都要体现评价的科学性和有效性。也就是说，学业评价应在教学实践中尽可能符合实际需要，从而推动学生的学业进步。

▶▶ **活动三　讨论与交流**

针对活动二的设计评价方法和评价标准，小组内进行讨论。

①用于课堂上的检测题或问题，符合评价标准吗？_____

_____

②评价中的目标动词，有可操作性吗？_____

_____

③您能够根据相应的学业评价标准独立编制学期综合测试卷吗？_____

_____

④您有对学生思维和情感变化的观测点和具体的观测方法吗？_____

_____

案例分析

案例1

高中通用技术

以高中通用技术苏教版必修教材《技术与设计1》第三章《设计过程、原则及评价》中的第二节《设计的一般原则》为例。

1.合格

（1）示例

一款手机的设计方案：史上最牛的手机

这款"纸片手机"（见图8-1）利用最新的技术，采用柔性显示器，而且它还是个小小的翻盖机！

图8-1　纸片手机

不要以为这个"小翻盖"只是要炫耀手机的可分离性，因为，它还有您绝对想不到的作用！

这款手机的表面竟然和变色龙皮肤具有相同性质，可根据周围环境、颜色、图案变成相近的样子，隐藏进周围环境，而且屏幕还是超级柔软的，甚至可以贴合皮肤！

这款手机的设计体现了设计的哪些原则？＿＿＿＿＿＿＿＿＿＿＿＿＿＿

（2）评析

初步掌握技术设计的一般原则是本节课的学习要点，本案例中，以异形手机为例使学生根据所学的知识点在理解的基础上进行判断，得出结论。达到这种评价标准的可以定为合格。

2.良好

（1）示例

教学片段：讲解设计的一般原则

产品的设计除了要创新、美观以外，还要满足产品最基本的一个功能就是要实用。

3. 实用原则（板书）

教师：这一原则其实我们的老祖宗韩非子在2000多年前就提出了。展示并解释韩非子的语句，引出产品的实用性。

"虽有乎千金之玉卮，至贵而无当，漏不可盛水……"这句话出自2000多年前战国时期思想家韩非子之口。意思是说：一个酒杯价值千金，但若是它漏了不能盛酒，也就失去了基本的功能，就没有了使用价值。它说明：

A. 美观原则　　　　B. 经济原则　　　　C. 实用原则　　　　D. 技术规范原则

向学生提出问题：

设计的实用性是指什么？可以从哪几个方面考虑？学生自主学习合作探究并回答：

设计实用性是指产品为实现其目的而具有的基本功能（使用价值）。

可以从物理功能（产品的性能、构造、效率精度和可靠性等）、生理功能（产品使用的方便性、安全性、宜人性等）、心理功能（产品的造型、色彩、肌理和装饰诸要素给人以愉悦感等）和社会功能（产品象征或显示个人的价值、兴趣、爱好或社会地位等）等方面来考虑实现。

拓展提高：教师展示典型图片，让学生分析这些产品是否实用，加深理解实用原则及其各项功能。

教师：展示设计作品图片（如图8-2所示），分析各个原则在设计中的体现。

图8-2　创意水壶

①壶身增加温度显示，体现创新原则；

②造型新颖，色彩明快，体现美观原则；

③杯子把手既可以水平支撑，又可以侧向支撑，使杯口朝下而不倒扣在桌面上，体现实用原则。

......

思考：本设计只是遵循了其中的一个原则而独立存在的吗？引入设计一般原则的关系。教师总结展示：

设计是一项综合活动，设计的各种原则不是各自独立的，而是相互联系、相互制约、相互影响、互相渗透的。不同的产品，既要遵循设计中的某些原则，也要有其侧重点，以便更好地体现其功用。

评价：

①学生讨论交流，结合提出的问题分析设计一般原则中的实用原则，以问题引导的形式获得新知；同时，也是对所学习的知识点的课堂落实与反馈；

②教师给出正确答案，根据学生的错误点有针对性地讲解和强调，总结归纳出设计一般原则中的实用原则；

③学生根据设计的一般原则及时分析教师给出的案例，对设计的一般原则在理解的基础上进行运用，进而认识到设计一般原则在设计活动中的相互联系、相互影响、相互制约、相互渗透的关系。

（2）评析

在本案例中，针对技术设计的一般原则，教师能根据教学目标和内容检测学生对设计的一般原则建构的思维过程进行引导，通过习题、案例分析，建构新知识，巩固知识点。通过学生的实际讨论交流，理解和掌握技术设计的一般原则。

能够清楚掌握课本横纵向的知识结构，了解学生在学习中应当知道和必须掌握的知识与技能，合理制定出检测各知识点与技能点的方法与标准。在学习知识点技能的基础上落实学习内容，结合具体的案例分析，应用所学习的知识做出判断。达到这种评价标准的可以定为良好。

3.优秀

（1）示例

请你设计一款为中学生使用的台灯，并能在你的设计中体现所学习的设计的一般原则。

在学生台灯的设计过程中，需要对台灯的各个部件进行设计分析。从实用原则应该考虑灯泡的主要功能在于照明，一般要选择没有频闪或频闪度较低的灯泡；从美观原则考虑，灯罩主要起美观作用，设计时主要考虑其造型；支撑架主要起支撑作用，并决定台灯的高度，从而影响学生的坐姿，需要考虑确立良好的人机关系，满足技术规范原则；台灯开关多种功能，选择哪种开关要考虑学生的需要，体现了实用原则。学生能够以草图的形式表达设计方案，进行交流与讨论。本案例中，学生根据本节课的学习内容结合实际需求，综合运用知识点，解决实际问题。考核了学生对知识的理解应用能力（如图8-4、图8-5所示）。

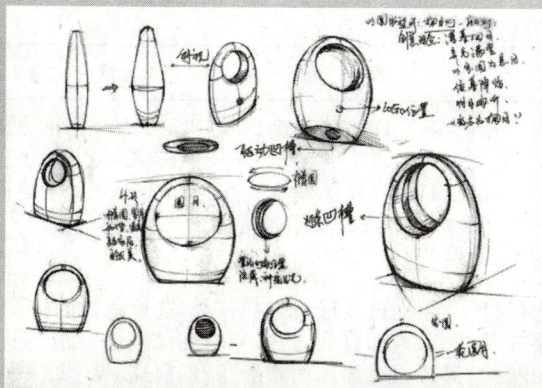

图 8-4 台灯设计部件草图

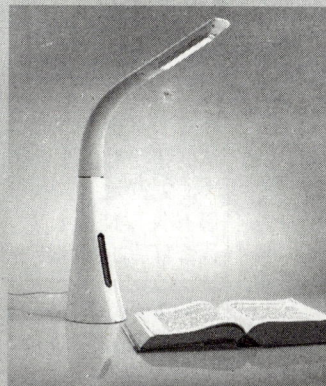

图 8-5 台灯效果图

（2）评析

在理解知识点、技能点的基础上能够运用所学习的知识，不仅能够清楚掌握课本横纵向的知识结构，了解学生在学习中应当知道和必须掌握的知识与技能，从学生的实际情况着手，合理制定出检测各知识点与技能点的方法与标准，而且对于学生随机出现的问题或闪光点，能及时启发或鼓励，引导学生正向积极发展。能达到这种水平的可以定为优秀。

案例2

初中劳动技术

以初中《劳动技术——木工设计与制作》第一单元里第二部分"工具与操作技术"为例。

1. 合格

（1）示例

识记类检测方法：填表格

一起说说看

（根据实际操作要求选择可使用的工具）

类别	例如	例如	优（快且准确）	良好（比较快）	合格（可以）
工具种类	锯割工具	刨削工具	每一项不做任何提示就能迅速地写出	有个别项需思考后可填出	有提示也能说出
工具名称	小手工锯	砂纸			
工具用途	锯割	打磨			
自评					
总评					
备注	选择不同类别的、有代表性的工具名称进行列举，每种类别的工具，选不少于1种的工具名称				

技能性检测：实践的作品（经历制作达到每个技能点要求给出适当的分值）、我能做到。

我的技能表述

类　别	合　格	良　好	优　秀
锯割	a. 工具使用基本正确，熟练度和控制有进步空间 b. 锯割效果基本符合要求，偶有失误能有补救，尽可能让修复后的部分合乎要求	a. 工具使用正确比较娴熟 b. 锯割效果基本完美（偶有瑕疵，却能弥补适度）	a. 工具使用正确娴熟 b. 锯割效果完美，即便有失误也可添彩地补救
打磨	基本知道如何合理选择打磨工具和打磨方法。能在基本保持原有的比例和形状的前提下，使加工线条有基本的光滑度	能比较合理地选择打磨工具和打磨方法。在保持原有的比例和形状的前提下，使加工线条有基本的光滑度	选择适当的打磨方法，在保持原有的比例和形状的前提下，使各线条光滑圆润
连接与组	在组合中，能选择适当的连接方式完成连接，各连接点基本符合力学原理中美观、牢固的要求	在组合中，能选择恰当的连接方式完成作品的连接，且各连接方式比较符合力学原理，且比较美观、牢固	在组合中，能运用所学的连接方式，自如使用任意恰当的连接，使各连接点符合力学原理，符合美观、牢固、实用的要求
总体评价			
备注			

（2）评析

这种能合理安排知识与技能结构，根据知识与技能点设计出相应的评价方法和标准，可以定义为合格的检测。

2. 良好

（1）示例

识记类检测方法：填表格

请你填填看

类别	例如	例如	我还能说出	优 （快且准确）	良好 （比较快）	合格 （可以）
工具种类	锯割工具	刨削工具	绘图工具	每一项不做任何提示就能迅速地写出	有个别项需思考后可填出	有提示也能说出
工具名称	小手工锯	砂纸	墨盒			
工具用途	锯割	打磨	下料图画线			
自评						
总评						
备注	选择不同类别的、有代表性的工具名称进行列举，每种类别的工具，选不少于一种的工具名称					

技能性检测：实践的作品（经制作达到每个技能点要求给出适当的分值）、我能做到（也可以用文字表述）

我的技能表述

类　别	超　赞	很　好	不　错	我的改进
设计与图示	1. 设计要求：实用、合理、美观。 2. 图纸要求： a. 画具选择得当 b. 图纸：清楚、规范、比例得当	1. 设计要求：基本做到比较实用、合理、美观。 2. 图纸要求： a. 基本能够选择适当画具 b. 图纸：绘制图纸时，表达清楚、比例比较规范	1. 设计要求：从实用、合理、美观各方面观测基本能满足要求。 2. 图纸要求： a. 能选择正确的画具 b. 图纸：表达基本清楚、规范、比例合理	
下料锯割	1. 下料： 准确、节约。 2. 锯割： a. 工具使用正确娴熟 b. 锯割效果完美，即便有失误也可补救	1. 下料： 考虑到节约、准确。 2. 锯割： a. 工具使用正确比较娴熟 b. 锯割效果基本完美（偶有瑕疵，却能弥补适度）	1. 下料： 准确、节约。 2. 锯割： a. 工具使用基本正确，熟练度和控制有进步空间 b. 锯割效果基本符合要求，偶有失误亦能补救，尽可能让修复后的部分合乎要求	
打磨	能选择适当的打磨方法，在保持原有的比例和形状的前提下，使各线条光滑圆润	能比较合理地选择打磨工具和打磨方法。在保持原有的比例和形状的前提下，使加工线条有基本的光滑度	基本知道如何合理选择打磨工具和打磨方法。能在基本保持原有的比例和形状的前提下，使加工线条有基本的光滑度	
连接方式	在组合中，能运用所学的连接方式，自如使用任意恰当的连接，使各连接符合力学原理，具备美观、牢固、实用的特点	在组合中，能选择恰当的连接方式完成作品的连接，且各连接方式比较符合力学原理，且比较美观、牢固	在组合中，能选择适当的连接方式完成连接，各连接基本符合力学原理，符合美观、牢固的要求	
作品效果	作品修饰结构、色彩、符合美学标准。间架结构牢固，有实用性	作品修饰结构、色彩、基本符合美学标准。间架结构牢固，有实用性	作品的修饰、结构、色彩有基本美化。间架结构基本牢固，有实用性	
我还能	除了熟练使用已有的技能知识，还能体现相关的拓展，并融入作品当中	除了使用已有的技能知识，还能体现相关的拓展，并努力将其融入作品当中	除了使用大部分已有的技能知识，还能体现一些相关的拓展，并努力将其融入作品当中	
自评				
总体评价				

续表

类　别	超　赞	很　好	不　错	我的改进
备注				我的改进（不一定每项都有改进，可以是一项的一点）

（2）评析

能清楚掌握课本横纵向的知识结构，了解学生在学习中应当知道和必须掌握的知识与技能，合理制定出检测各知识点与技能点的方法与标准。达到此种评价标准的可定为良好。

3.优秀

（1）示例

识记类检测方法：填表格

请你填填看

类别	例如	例如	我还能说出	优（快且准确）	良好(比较快)	合格（可以）
工具种类	锯割工具	刨削工具	绘图工具	每一项不做任何提示就能迅速地写出	有个别项需思考后可填出	有提示也能说出
工具名称	小手工锯	砂纸	墨盒			
工具用途	锯割	打磨	下料图画线			
自评						
总评						
备注	选择不同类别的、有代表性的工具名称进行列举，每种类别的工具，选不少于一种的工具名称					

技能性检测：实践的作品（经历制作达到每个技能点要求给出适当的分值）、我能做到（也可以用文字表述）

我的技能表述

类　别	超　赞	很　好	不　错	我的改进
设计与图	1.设计要求：实用、合理、美观。 2.图纸要求： a.画具选择得当 b.图纸：清楚、规范、比例得当	1.设计要求：基本做到比较实用、合理、美观。 2.图纸要求： a.基本能够选择适当画具 b.图纸：绘制图纸时，表达清楚、比例比较规范	1.设计要求：从实用、合理、美观各方面观测能基本满足要求。 2.图纸要求： a.能选择正确的画具 b.图纸：表达基本清楚、规范、比例合理	

续表

类　别	超　赞	很　好	不　错	我的改进
下料锯割	1. 下料 准确、节约。 2. 锯割 a. 工具使用正确娴熟 b. 锯割效果完美，即便有失误也可天才地补救	1. 下料 考虑到节约、准确。 2. 锯割 a. 工具使用正确比较娴熟 b. 锯割效果基本完美（偶有瑕疵，却能弥补适度）	1. 下料 准确、节约。 2. 锯割 a. 工具使用基本正确，熟练度和控制有进步空间 b. 锯割效果基本符合要求，偶有失误能有补救，尽可能让修复后的部分合乎要求	
打磨	能选择适当的打磨方法，在保持原有的比例和形状的前提下，使各线条光滑圆润	能比较合理地选择打磨工具和打磨方法。在保持原有的比例和形状的前提下，使加工线条有基本的光滑度	基本知道如何合理选择打磨工具和打磨方法。能在基本保持原有的比例和形状的前提下，使加工线条有基本的光滑度	
连接方式	在组合中，能运用所学的连接方式，自如使用任意恰当的连接，使各连接符合力学原理，具备美观、牢固、实用的特点	在组合中，能选择恰当的连接方式完成作品的连接，且各连接方式比较符合力学原理，且比较美观、牢固	在组合中，能选择适当的连接方式完成连接，各连接基本符合力学原理，符合美观、牢固的要求	
作品效果	作品修饰结构、色彩符合美学标准。间架结构牢固，有实用性	作品修饰结构、色彩基本符合美学标准。间架结构牢固，有实用性	作品的修饰、结构、色彩有基本美化。间架结构基本牢固，有实用性	
我还能	除了熟练使用已有的技能知识，还能体现相关的拓展，并将其融入作品当中	除了使用已有的技能知识，还能体现相关的拓展，并努力将其融入作品当中	除了使用已有的大部分技能知识，还能体现相关的拓展，并努力将其融入作品当中	
我的习惯	使用所有的工具和材料能够及时复位和整理，保持操作台的整洁，不损坏或丢失物品	使用所有的工具和材料能够使用后复位和整理，能较好地保持操作台的整洁，不损坏或丢失物品	使用所有的工具和材料能够基本复位和整理，课后保持操作台的物品一般无损毁或丢失	
自评				

续表

类　　别	超　赞	很　　好	不　　错	我的改进
总体评价				
备注				我的改进（不一定每项都有改进，可以是一项的一点）

（2）评析

不仅能够清楚掌握课本横纵向的知识结构，了解学生在学习中应当知道和必须掌握的知识与技能，还能从学生的实际情况着手，合理制定出检测各知识点与技能点的方法与标准。并且对于学生随机出现的问题或闪光点，及时启发或鼓励，引导学生正向积极发展。能达到这种水平的可以定为优秀。

四、技能训练

▶▶ 活动四　能力训练

请根据通用技术《技术与设计1》的第三章《设计过程、原则及评价》中第二节《设计的一般原则》的教学内容，或以初中劳动技术学科北京出版社《劳动技术——电子技术7~9年级》第一单元中"技术指导——锡焊技术"，完成以下任务。

①确定的知识与技能点是什么？＿＿＿＿＿＿＿＿＿＿＿＿＿＿＿＿＿

＿＿＿＿＿＿＿＿＿＿＿＿＿＿＿＿＿＿＿＿＿＿＿＿＿＿＿＿＿＿＿＿＿

＿＿＿＿＿＿＿＿＿＿＿＿＿＿＿＿＿＿＿＿＿＿＿＿＿＿＿＿＿＿＿＿＿

②针对以上知识与技能点，您将计划做出怎样的评价方法？＿＿＿＿＿＿

＿＿＿＿＿＿＿＿＿＿＿＿＿＿＿＿＿＿＿＿＿＿＿＿＿＿＿＿＿＿＿＿＿

＿＿＿＿＿＿＿＿＿＿＿＿＿＿＿＿＿＿＿＿＿＿＿＿＿＿＿＿＿＿＿＿＿

③请制定出学习评价标准：＿＿＿＿＿＿＿＿＿＿＿＿＿＿＿＿＿＿＿＿＿

＿＿＿＿＿＿＿＿＿＿＿＿＿＿＿＿＿＿＿＿＿＿＿＿＿＿＿＿＿＿＿＿＿

＿＿＿＿＿＿＿＿＿＿＿＿＿＿＿＿＿＿＿＿＿＿＿＿＿＿＿＿＿＿＿＿＿

＿＿＿＿＿＿＿＿＿＿＿＿＿＿＿＿＿＿＿＿＿＿＿＿＿＿＿＿＿＿＿＿＿

五、考核反思（见表8-2）

表8-2 《检核标准》中关于"掌握学业评价标准"能力要点的评价标准

评价要素	评价指标			权重
	合格（6分）	良好（7~8分）	优秀（9~10分）	
知识与技能	清楚课堂内容的知识与技能的侧重点	了解课本每部分的知识与技能点	教学内容相关的知识、技能的纵横向联系清晰	0.3
评价方法	针对当堂知识与技能的评价，评价目标清晰，评价有针对性且有效果	针对阶段性知识技能的评价，评价方法依据阶段评价目标做出多样、有效的评价	针对学科知识技能的评价，使用的评价方法应做到全面而有效，在目标清晰的前提下，评价方法多维，各评价方法具有针对性	0.3
评价标准	对于不同类型的知识与技能有相应不同的检测标准	除了知识与技能评价，还要考虑到学生的适用性	评价标准不仅有知识和技能的方面，还包含习惯养成方面的培养	0.4

▶▶ **活动五　评价交流**

1. 交流一下您制定的"评价标准"，对照"掌握学业评价标准"，看看您制定的"评价标准"属于哪个层次

①属于：合格、良好、优秀，其原因是：_____

_____

_____

_____

②您认为另一个层次的表述可以是：_____

_____

_____

_____

③您认为再一个层次的表述可以是：_____

_____

_____

_____

④组长把本组的内容归纳一下，大家争取达到相对一致的意见，形成小组的结果。

_____

_____

_____

2. 自我评价

参考评价标准，填写表8-3自己评价一下已达到的水平。

表8-3 自评评价表

评价要素	评价指标			权重
	合格	良好	优秀	
知识与技能				0.3
评价方法				0.3
评价标准				0.4
在表中填上自己的分数，考虑权重，总得分是：				

3. 小组评价（见表8-4）

表8-4 小组评价表

评价要素	评价指标			权重
	合格	良好	优秀	
知识与技能				0.3
评价方法				0.3
评价标准				0.4
在表中填上组内成员给您的分数，考虑权重，总得分是：				

4. 听取大家的建议后，你认为自己

尚有欠缺的方面是：_____

_____

分析原因：_____

_____

改进措施是：_____

_____

_____

六、填写日志

填写培训日志：通过今天的学习，您有什么收获和想法，请填写在表 8-5 的培训日志中。

表 8-5　培训日志

课　次		学习内容	
主讲教师		上课地点	
本课程您最关注的问题：			
本课程您的感受是：			

阅读资料

一、名词解释

①信度：测量结果的可信程度，多次测量结果间的一致性程度叫信度。

②重测信度：用同一个量表（测验或评价表）对同一组被试测两次所得结果的一致性程度，大小等于同一组被试在两次测验上所得分数的相关系数。

③复本信度：两个平行测验测量同一被试所得结果的一致性程度，大小等于同一被试在两个复本测验上所得分数的相关系数。

④同质性信度：内部一致性信度，测验内部所有题目间的一致性程度。a. 所有题目测的是同一心理特质；b. 所有题目得分之间有较高的正相关，指一个测验所测内容或特质的相关程度。

⑤分半信度：一个测验分成对等的两半后，所有被试在两半上所得分数的一致性程度。反应测验内两半题目间的一致性。

⑥测量信度误：测验中所得测值偏离真分数的程度。

⑦评分者信度：多个评分者给同一批人的卷进行评分的一致性程度。

⑧效度：一次测量的有效程度，一个测验或量表实际能测出其所要测量的特质的程度。

⑨表面效度：在被试或非专业人士看来，测验题目与测量的一致程度。

⑩效标关联效度：一个测验对于处于特定情境中的个体行为进行预测时的有效性。测验分数与某一外部效标间的一致性程度，即测验结果能代表或预测效标行为的有效性和准确性程度。

⑪效标：被预测的行为同时也就是检验测验效度的外在的客观的标准，即效度的标准，简称效标。

⑫同时效度：测验分数与效标资料的取得约在同一时间内连续完成，计算这两种资料的相关系数，即代表测验的同时效度（诊断现状）。

⑬预测效度：在测验分数取得一段时间后才获得效标资料（预测将来）。

⑭难度：被试完成题目或项目任务时所遇到的困难程度。

二、评价

评价是一个运用标准（criteria）对事物的准确性、实效性、经济性以及满意度等方面进行评估的过程。

评价（Evaluation）就是指，通过评价者（Evaluators）对评价对象的各个方面，根据评价标准进行量化和非量化的测量过程，最终得出一个可靠的并且符合逻辑的结论。其中，所谓评价者，也称为评估人，主要是对某个对象进行评价的主观能动体。

三、评价的步骤

一是确立评价标准；二是决定评价情境；三是设计评价手段；四是利用评价结果。

四、评价的功能

一是诊断功能；二是导向功能；三是激励功能。

五、评价的内容

学生的学业考核和评价应包括学生的思想品德与行为规范，社会实践表现，基础型课程、拓展型课程、研究型课程学习及担任社会工作等方面的情况。

六、评价的意义

"表现型评价"的依据是学生的公开展示和表现，它倡导"学以致表"，让学生将个人内在的素质充分地外化展示出来，让别人能够具体地、客观地和形象地感到和观察到他内在的品质。通过学生的展示让他们获得表现的喜悦，从而不断认识自己，完善自己，同时通过同伴之间彼此交流和合作学习，相互激励，发挥同伴在学习过程中的影响，共同提高。

七、学业评价的基本理念

学业评价的根本目的与核心宗旨是促进学生的发展。实施学业评价，应具有如下基本理念：

①学业评价的主要功能是为教师和学生提供有效的反馈信息，从而改善教与学的过程和方法。学业评价应淡化甄别、选拔功能。

②学业评价是标准参照的评价，是将学生的表现与课程标准相比较，衡量学生是否达到了课程标准，不是在学生之间进行横向比较。

③学业评价应尊重学生差异，激发学生潜能，促进每个学生在达到共同要求基础上

有个性化的发展。引导学生自评与互评,促进学生元认知能力的提高及学习策略的优化。

④全面评价学生的多方面素质,既要准确评价学生基本知识和基本技能,也要特别重视学生高层次思维能力(如探究能力,以及在真实情境中应用知识解决现实问题的能力)和情感态度价值观的评价;既要关注学习结果也要关注学习过程,如学习风格、学习策略、学习动机、学习兴趣等。

⑤评价与教学整合,使评价融于教学过程之中,为教学提供支持,促进学生的学习。体现真实评价、情境化评价的取向,采用多种表现评价方法,而非局限于纸笔测验。

八、学业评价标准建立的依据及作用

学业评价标准的建立以课程标准为依据,一方面对课程标准的内容标准进行细化和精确化,另一方面提供了评价学生学习情况的评价方法建议和评价样例。学业评价标准与课程标准共同指导教学与评价。

学业评价标准的建立有助于教师遵循课程标准进行教学与评价;有利于提高日常学生评价的效度和信度,从而为教师和学生提供更有效的反馈信息;有利于改进综合测试考核标准,为考试命题更加符合课程标准的要求提供参考;为基础教育学科教学质量监测的实施提供基础。

九、技术学科学业评价的原则

①发挥评价的激励、诊断和发展功能;

②过程评价与结果评价相结合;

③全面评价与单项评价相结合;

④阶段性评价与日常性评价相结合。

十、技术学科学业评价的方法

技术学科学业评价是开放的、灵活的,评价方法多种多样,可以有书面测试、方案及作品评析、过程记录卡、访谈、活动报告等。

十一、劳技课程目标

总目标:

中小学劳动技术学科的总目标是通过学科教与学的实践,使每个学生都"会动手、能设计、爱劳动",提高学生的技术素养。从"知识与技能""过程与方法""情感、态度与价值观"三个维度进行概括描述。

①知识与技能:使学生获得必需的有关材料、工具等基本知识,学会加工、制作、表达的基本技能,重视技术活动中的操作规范。认识技术与科学、社会的关系,了解技术的一些基本要素和核心概念。

②过程与方法:使学生了解技术活动的一般过程,掌握基本的技术探究方法,提高解决实际问题的能力,激发学生的创新潜能。

③情感、态度与价值观:使学生接受劳动观念和创新精神的熏陶,养成良好的劳动行为习惯,初步建立技术价值观,形成乐于交流、善于合作的团体意识和不断进取的创

新精神，激发振兴中华、服务人类的使命感和责任感。

——在认知领域，分"初步了解""知道"两级水平。"初步了解"指技术知识的常识性了解或识记，能辨识工具仪器、材料、图形等。"知道"指明了技术知识的含义，能用自己的语言叙述技术知识的内涵，并能指导操作实践。

——在技能领域，分"初步学会""学会"（或"会"）两级水平。"初步学会"指依据教师语言示范、文字、图像语言等的引导进行操作，并逐步能独立操作。"学会"指能独立完成操作，并能达到规定的技术要求。

——在情意领域，分"接受或认识""养成或形成"两级水平。"接受或认识"指学生对教师的教育，在思想上能引起共鸣，在行为上能有接受的意愿。"养成或形成"指养成正确的思想情感，形成良好的习惯和品质。

——课程设置基础性、拓展性、研究性的内容，其中基础性内容是完成劳动技术教育目标的主要载体，体现了现阶段劳动技术教育在内容上的结构性和方向性，是主要学习内容。拓展性内容在广度和深度上均有一定的发展，同时对实施条件也有相对较高的要求，是为各学校根据实际情况而提供的选择性内容，可替代部分基础性内容。

十二、劳技课的课堂观察与评价

评课是加强教学常规管理，开展、教科研活动，深化课堂教学改革，推进素质教育的"牛鼻子"。抓住这个牛鼻子就能起到"牵一发而动全身"的作用。评课是否公正、准确、全面、深刻，对教研效益影响很大。通过它，又影响和左右着教师在教研教改中的思维走向和探索途径。因此，科学地、客观地、公正地评课，对于促进教师的教研教改，提高教学质量有着十分重要的作用。

什么样的课才是一堂好课呢？一堂好的劳技课有哪些要素呢？目前的评价标准很不一致。有的强调评课要"八看"，有的采用"五三三"评价指标体系。虽然它们的侧重点各有不同，但大多数评价标准都是针对学科性课程的，并不适合"以操作性学习为基本特征"的劳技教学。另外，评价标准过于细化，不利于从整体上把握课堂教学，给实际评课带来不便。在多年的教研实践中，我们把学科性课程的评价标准与劳技学科的特征相结合，尝试着劳技课评价"五看"，取得了较理想的教研效果。该评价标准的特点是：大处着手，小处着眼；优化标准，突出重点；点面结合，凸显特点。

（1）看教学效果，有多少学生"做好了"（60%）

劳技课的教学过程是"在操作活动中进行技术探究和技术学习，用作品引导学生的劳技学习活动"的过程。操作练习、作品制作始终是劳技课教学的主旋律。因此，通过操作活动来完成作品是一节劳技课最根本的要求，也是我们评价劳技课的基本点。一节劳技课如果有80%以上的学生"做好了"，且作品符合质量要求，操作严格规范，安全无事故，那么就是一节合格课。

"做好了"来自"会做了"，它是课堂教学效益显著、目标测试达成率高的标志。它至少可以包括下列内容：课前教师认真备课，精心安排工具与材料；教学目标完整、正确、适度，并成为整个课堂教学的中心；师生都明确各自的教与学的目标，并相互配合顺利地完成教学计划；教学重难点得到准确的把握和有效的解决；教学内容的广度和深度适当；传授操作要领准确规范，讲解劳技知识正确无误；一节课容量适中，教与学有张有弛，课堂气氛活泼。

（2）看教学重难点是否准确把握、有效解决（10%）

劳技课教学重点的突出、难点的突破主要是通过教师的讲解示范实现的。要看劳技教师的讲解是否能熟练地运用基本的、通俗的术语，并和示范操作结合起来，做到边讲解边示范。劳技教师的示范操作要规范、清楚。对于一些技术的关键点，教师的示范一定要慢些，有时甚至可以重复示范。对于一些技能中的难点，教师可以把动作进行分解，从而突出重点、突破难点。教师要把握好讲解示范的时机和效果，以便留给学生更多的操作实践时间。另外，不能因为是劳技课就忽视了板书，要精心设计板书，做到工整无误，条理分明，直观性强。精当的讲解、示范和板书是突出重点、分散难点的利器，也是劳技教师教学基本功的重要内容。

评课时要注重看教师能否根据教学内容、目标、学情来准确地把握一节课的教学重难点，并通过假设、模拟、比较、分析等方法来选择哪种或哪几种最佳的教学方法，从而有效地突出重点、突破难点。还要看是否充分发挥了多媒体的作用，处理好传统媒体与现代媒体之间的关系，使之"适时、适当、有机、有效"。

（3）看对操作实践活动的指导是否准确、合理（10%）

在操作教学中，要看教师是否在组织管理、解疑排难和安全检查方面发挥主导作用。在操作练习前，教师须让学生明确操作过程、关键点以及质量和安全的要求。在操作练习中，教师要仔细观察学生的操作情况，及时准确地进行信息反馈，有针对性地进行个别指导或集体辅导。教师要根据学生的差异实施分层次教学，因材施教，使每一位学生各有所得。在操作练习后，教师要肯定好的作品，也要分析问题存在的原因，使正确的方面得以巩固，错误的方面得以纠正。对于操作练习中表现出来的好思想、好行为、好习惯，教师要抓住典型事例，使评议工作更具有针对性和实效性。应当充分鼓励那些有独到之处的作品，让学生思维迸发出的奇异火花得以保持。要使学生全员参与活动，并要在有限的教学时间内尽可能提高学生操作实践活动的效率。

（4）看教师主导、学生主体作用是否充分发挥，教学方法是否得当（10%）

在教学指导思想上，看劳技教师是否做到把以教师讲为主转变为以学生学为主，使"教"为"学"服务，变"要我学"为"我要学"，使学生学习中的主体作用充分体现，真正成为学习的主人。劳动课上，教师不能一言堂。要根据学生的生活经验、知识能力水平，运用启发式原则，采用灵活多样的方法，引导学生独立发现问题、思考问题、分析解决问题。教师通过优化教学策略来促进学生自学、质疑。劳技教师在教、学、练中要始终贯穿一个"导"字。

劳技教师不仅要注意教法，更要重视学法指导，从教与学两个方面去设计和组织课堂教学。课堂教学的全过程是学生去学、去探索、去实践的过程，是学生创新精神和实践能力得到重视和培养的过程。劳技教师要通过学法指导来完成在劳技课上培养学生动手、观察、思考、想象及创造等多种能力的任务。

劳技课对于学生劳动观念和优良品德的形成有着重要的作用。劳技教师要注意挖掘教材本身的思想教育因素，还要注意捕捉教育时机，及时地、有针对性地对学生进行生动、亲切、入情入理的教育，使得劳技学科"多学科视野"的特征在教学中得到充分体现。

（5）看课堂教学结构是否优化，是否符合学生的认知规律（10%）

课堂教学结构是指课程的各部分组成及其顺序和时间分配等。它是由教学过程的各个环节组成的。看课堂教学结构是否合理，主要是看课堂教学程序的展开是否符合学生认知的一般规律，教学环节的转换是否顺利而自然，是否有教学的层次感、节奏感，教学效果是否明显。

具体地说，看一节劳技课的教学结构，就是看教师是否能根据教学目标、教材、学情设计出合理的教学环节。设计时不妨问一问自己：设计这一环节要达到什么目的，这一环节的关键点是什么，这一环节与上下环节之间的关系是什么。这样一问，有利于教师不断提高结构设计的水平，也有利于听课者抓住课堂设计的关键点，从而提高评课质量。

看时量分配是否合理，主要看重点、难点的教学与教学高潮的呈现是否一致；各教学环节的时量与教学任务是否匹配；是否安排了充分的学生活动时间。整个课堂教学是否井然有序，严密紧凑。劳技课特征要求教师在课堂教学中，从严把握时间，以每节课45分钟为例，"操作实践"不得少于25分钟。要杜绝不按时下课的现象，因为拖堂就等于没有按时完成教学任务。

上述五条，强调的是第一条教学效果，即有大多数学生"做好了"，做到了这一点就得60分。其余四条，每条10分，五条加起来100分。通过这样有层次的评课，既使教师知道评课应评什么、怎样评，从评课中得到启发和收获，又能使教师明确自身教学水平所达到的层次，还能鼓励教师不断探索教学方法的最优化，追求教学的最佳效果。实践证明，劳技课评价"五看"，既科学实用，又便于操作，在劳技课评价中发挥了较好的作用。当然，"五看"还有许多不足的地方，我们将进一步修改完善，使之在劳技教学中发挥出更大的作用。

模块 9　科学选择评价方法

学习目标

● 知道《检核标准》对"科学选择评价方法"的层次要求。

● 能够根据教学内容和学生情况选择激励性的评价方法。

● 能够通过观察、追问等多种方式进行学生学习过程的评价。能从知识、思维、情感等各方面选择多元化的评价主体和多样化的评价方式评价学生的学习。

一、问题提出

▶ 活动一　热身

下面的案例是一位教师曾经在教学过程中采用的"优点单"评价方式：

我在地理教学中发现自己所教的班里有不少学生学习很吃力，有一些学生因而有些灰心。为了帮助这些学生增强信心，我想了一条"妙计"：让每个学生用纸写其他同学的优点，然后我分别抄下大家写给每个人的优点，再把这份"优点单"发给学生自己。同学们看到"优点单"上写的自己的优点，一个个惊喜万分，那些信心不足的同学很快恢复了信心，学习成绩都有了明显的提高。三年后，我参加了这个班的学生组织的毕业宴会，其中一名开始成绩很差，但高考却考出了骄人成绩的同学，在致毕业赠言中拿出了自己的"优点单"，这时，其他同学也都从自己的口袋里拿出了自己的"优点单"。大家说，我们都保留着这份"优点单"，随时随地带着它。它在我们遇到困难时候可以让我们想到自己的闪光点，从而增强自信心。

①这个案例对您有哪些启发？谈谈您的感想。

②在教学过程中如果遇到学生学习困难的情况，为提高他们的信心，您采取过什么方法？（举一个例子）

▶▶ **活动二 前测**

请根据高中通用技术苏教版必修《技术与设计2》第一章《结构与设计》的第三节"简单结构的设计"或根据初中劳动技术北京出版社《木工设计与制作技术》的第一单元《技术准备》的第二部分"工具与操作技术——锯割"为例，完成下面问题。

①在上面课程教学中，您通常采用了哪些评价方法？

_____

_____

_____

_____

②您确定以上评价方法的依据和原则是什么？说明理由。

_____

_____

科学选择评价方法，教师要巧妙运用语言或恰当的方法进行评价，并注意评价要因人而异。对学生要积极关注，真实地感受学生所作所想，掌握课堂教学，把握课下活动，给学生以精神上的鼓舞和心理上的慰藉，使学生思维活跃，学习热情高涨，激发学生的学习兴趣和潜能，促进学生进一步积极努力地学习与自我提高。

评价应体现选择性、层次性，顾及学生个性差异。

二、标准解读（见表9-1）

表9-1 《检核标准》中关于"科学选择评价方法"能力要点的检核标准

能力要点	合　格	良　好	优　秀
科学选择评价方法	1.能够根据教学内容和学生情况选择激励性的评价方法； 2.能够选择不同难度的题目布置作业或练习	1.能够通过观察、追问等多种方式进行学生的学习过程评价； 2.能够选择和编制不同难度的题目并设计不同的作业完成方式	1.能够从知识、思维、情感等各个方面系统评价学生的学习状况； 2.能够确定多元化的评价主体和选择多样性的评价方式

三、名词解释

1. 激励性评价

激励性评价是在学生学习活动中进行激励、鼓舞，目的是营造宽松、和谐、民主的教学氛围，激发学生的情感，鼓起学生的勇气和力量，激起学生强烈的求知欲望，强化学生成功的喜悦，不断增强学生的自信心和上进心。德国教育家第斯多惠说过："教学的艺术不在于传授的本领，而在于激励、唤醒和鼓舞。"激励是激发人的潜能、调动人的积极性的重要手段，也是心理教育的重要原则。行为科学的实验也证明：一个人在没有受到刺激的情况下，他的能力仅能发挥到 20%～30%，如果受到充分的激励，能力就可能发挥到 80%～90%，这充分说明运用激励机制是促进学生进行自主学习的重要举措。

2. 多元化评价主体

多元化评价主体是指在对学生学业进行评价的过程中，既要有校领导、教师的评价，也要让家长和社区有关人员参与其中，还要注重学生的自我评价和同学互评，使学业评价成为校领导、教师、家长和学生都参与的交互活动，形成教育的合力。改变过去传统评价模式的单一主体形式，使学生从以往评价的被动状态中脱离出来，突出学生参与评价的主体地位。

3. 多样性评价方式

根据目标多元、方式多样、注重过程的评价原则，综合运用观察、交流、测验、实际操作、作品展示、自评与互评等多种方式，为学生建立综合、动态的成长记录手册，全面反映学生的成长历程。

4. 质性学业评价

质性学业评价是在学校情境中采用观察、谈话、记录等方式收集学生的学业进展情况和学业成就等各方面资料，从而对学生学业做出尽可能全面、完整的评价。

5. 自我评价

自我评价就是要学生在教师的帮助下，对自己在学习中的各种表现和问题进行自我分析、自我认识、自我提高。可以让学生在进行分析式评价、整理式评价、总结式评价的基础上，写出自己的分析报告、整理的内容或总结报告。然后与教师进行交流、讨论，充分认识自我，改进自我，变被动为主动。

▶▶ **活动三　讨论与交流**

针对活动前测，小组进行讨论交流，并回答以下问题：

①您选择的评价方法是否有激励性？_____

_____

_____

②您对学生学习过程的评价是什么方式？_____

_____

_____

③您编制了哪些不同难度的题目或作业完成方式？_____

_____

_____

④评价主体是多元化的吗？评价方式是多样性的吗？_____

_____

⑤您如何从知识、思维、情感等方面系统评价学生的学习状况？_____

_____

_____

《《案例分析

▍案例1

通用技术

以高中通用技术苏教版必修教材《技术与设计2》第一章《结构与设计》的第三节《简单结构的设计》的第三课时为例。

1. 合格

（1）示例

教师播放"广告牌被风吹倒"视频，并提问：如何设计才能提高户外广告牌的抗风能力？学生们有的说"加固支架、增加连接点"，有的说"增加通风孔"，有的说"采取立体环绕的方式"……讨论热闹非凡，学生们七嘴八舌地交流着自己所见或所能想到的各式各样结构的广告牌，教师微笑着肯定大家："同学们各抒己见，说明你们平时能注意观察身边事物并认真思考，这是一个很好的学习思考方式和习惯。"

设计实践环节在引导学生进行结构模型承重性能测试时，教师鼓励学生进行小组之间的交流，指导学生记录作品第一次受损时承重的重量、受损部位描述及原因分析，并提示注意桥梁明显受压变形时，所测数据无效。同学们根据各自小组的选择，发挥集体的智慧，协同合作，不断设计、完善一个个极富创意的作品结构，完成了一次又一次对自我预估的测试挑战。

（2）评析

教师能够根据教学内容和学生情况选择适当的评价方法，首先通过播放视频与提问赞扬了学生们善于观察身边事物的好习惯，同时鼓励学生要有意识地把观察与思考融入自己的学习中。其次教师对各组在结构模型承重性能测试中表现出来的团队协作、操作有效性与试验结果分析给予激励性评价，激发了学生进一步学习的欲望，体现了评价的即时性和教育性特点。

2. 良好

（1）示例

设计实践环节教师除了引导学生进行结构模型承重性能测试外，还鼓励学生进行全班测试展示，各组按结构设计的强度、稳定性、功能、造型、工艺、个性化需求等方面互相评价。不断引导和肯定各组给予其他组公平公正的评价。

观察学生的第二次测重并引导学生分析第二次测试后受损部位描述、受损原因，对学生进行提问："测试后感觉如何？"学生甲："太兴奋了，远远超出了我们的预估！课前我们只收集到一张薄纸片，刚开始时我们组不知道该怎么去设计，看着其他组在眉飞色舞地讨论和实现自己的创意，我们只能羡慕嫉妒恨，在山穷水尽时，我们茅塞顿开，尝试了这简单却不平凡的设计，我们根本没想到如此松软的构型，居然还能承受如此之重！"

教师："是啊，测试前老师也想不到它的承重量，那你们觉得这个结构有何特别之处呢？"学生乙："它是一规则对称结构。"

学生丙："它是一体化的设计。"

学生丁："它有上下两个拱，很能分担压力"

……

教师：同学们说得真好，创新设计带给我们惊喜的同时，也让我们进一步去探索未知世界的各种知识！

（2）评析

在合格的基础上，加入了全班测试展示环节，活动中学生进行自评和他评，扩展了生生交流、师生交流范围，使学生学会了正确地评价自己和他人。对于评价中涌现出的诸多设计亮点，教师让学生不断观察、提问，让学生去主动发现，及时加强对学生本节课学习的过程性评价。

3. 优秀

（1）示例

教师启发学生思考：除了承重性能测试，还能对结构模型进行什么测试？学生讨论后提出可以尝试抗风性能的测试（如图9-1所示）。记下桥梁被电风扇吹而不倒或不移动的位置及电扇此时的风力挡，读出电扇和该位置的距离（cm），测量三次，取平均值。

抗振性能模拟测试（如图9-2所示）。

①手机调成振动状态，放置于桥面。

图 9-1　抗风实验

②另一手机拨打桥面上已设置好的手机，让其振动。

图9-2 抗振实验

③逐一增加振动的幅度和手机个数，记录桥梁所能承受的最大振动级，测量三次，取平均值。

为达到设计的优化，在交流中进行追问思考：

想要承重更大，如何去完善？桥身如何改变设计？

桥型有没有更好的选择？

稳定性不够理想，桥墩怎样设计更结实？

······

（2）评析

在良好的基础上，引导学生积极参与评价过程，讨论生成结构模型测试方案——承重性能、抗风性能、抗振性能测试：设计——制作——测试是产品创新不可缺少的三个重要环节，而其中的测试常常容易被忽略，但实际上只有通过测试才能给予设计和制作一个合理的评价并让设计真正得到实现和不断创新。案例整个过程充分发挥了学生的团队合作、审美、测试及自我规划的能力，并极大地实现了学生小组间及小组内的生生间、师生间的交流，采取了多样化的方式评价学生。

案例2

劳动技术

以初中劳动技术学科北京出版社《劳动技术——电子技术7~9年级》第一单元中"技术指导——锡焊技术"为例。

一、教学背景分析

1.教学内容

电烙铁的使用与点锡焊接是学生学习电子制作技术要掌握的最基本技能，要求学生了解电烙铁的结构，学会正确的使用方法，并通过点锡焊接练习，初步掌握点锡焊接的基本技能，为学生进行电子作品的制作及将所学知识应用到实际生活打下良好的基础。

本节课的教学重点是点锡焊接，因点锡焊接是电子制作技术中的最基本技能，学会了此技能，对学生进一步学习有积极作用。

本节课的教学难点是确定每一步操作所用的时间，此操作之所以难，是因为每一步操作所用的时间受多种因素影响，教师很难告诉学生准确的时间。例如焊锡盘较大、电烙铁功率较小、气温较低时，均可增加焊接所用的时间。

2.学生情况

①本节授课对象为初二年级学生，与初一年级的劳技课相衔接，学生已有一定的动手能力及与之相适应的认知水平。

②本节课前学生已经学习了偏口钳的使用方法，认识了常见的电阻、电容、发光二极管、三极管、开关、电路板等电子元器件与材料，并学习了元件的安装方法。

③通过前一段的教学可知，部分学生动手能力较差，特别是个别女生，甚至不敢动手操作，因此这些学生是本次课教师关注的重点。

二、教学目标

知识与技能：学会检查与使用电烙铁，初步掌握点锡焊接的基本要领。

过程与方法：体验点锡焊接的操作过程，提高学生用电烙铁进行点锡焊接的能力。

情感态度价值观：通过使用电烙铁与点锡焊接练习，提高质量意识，增强安全观念。

1.合格

（1）示例

学生安装好元件后，开始点锡焊接练习。教师巡视指导时有针对性地组织学生间互助，同时观察学生操作，尤其对动手能力弱的学生及时给予评价指导。练习一段时间后，对操作认真、技术要领掌握好的学生进行表扬，请具有代表性的学生到台前演示焊接操作。

学生在实际操作中自然会产生焊点质量问题，教师适时公布焊接的质量标准后，学生继续进行焊接练习，布置任务时要求最少完成10个元件的焊接，最好能焊接完成所有元件。此次练习检查学生焊点质量是否合格。在这一活动中，学生进行自评。

（2）评析

教师能够根据教学内容和学生情况选择适当的评价方法，对个别操作能力弱的学生能及时指导，可基本消除学生中存在的畏惧心理（特别是女生）、激发学生进一步学习的欲望，体现了评价的即时性和教育性的特点。对操作认真、技术要领掌握好的学生进行了表扬，又请具有代表性的学生到台前演示焊接操作，体现了评价的激励作用。再次练习时对不同层次的学生布置有难度差异的任务，体现了因材施教。

2. 良好

（1）示例

学生安装好元件后，开始点锡焊接练习。教师巡视指导时有针对性地组织学生间互助，同时观察学生操作，尤其对动手能力弱的学生及时给予评价指导。练习一段时间后，对操作认真、技术要领掌握好的学生进行表扬，请具有代表性的学生到台前演示焊接操作。

学生在实际操作中自然会产生焊点质量问题，教师适时公布焊接的质量标准后，提出问题："点锡焊接时，怎样使焊点达到质量要求？"学生可依据焊接的质量标准检测所焊焊点的质量，探讨如何使焊点达到质量标准。之后学生继续进行焊接练习，布置任务时要求学生最少完成10个元件的焊接，最好能焊接完成所有元件。此次练习检查学生们所焊的焊点质量合格。在这一活动中，学生可以交换作品，进行互评。对焊接速度快、焊点质量好的学生，要求依据焊接质量标准并结合自己的焊接实际，用实物投影展示自己的焊接成果或找出自己的不足。而后，共同分析导致焊点不合格的原因，寻求解决办法。

（2）评析

在"合格"的基础上加入了过程性评价，评价时提出了关于焊点质量的问题，引导学生积极思考。在活动中，学生进行自评和交换作品进行互评，并进行了讨论，使学生学会了正确地评价自己和他人的作品，促进了学生之间的交流。评价方法更加多样化。

3. 优秀

（1）示例

学生安装好元件后，开始点锡焊接练习。教师巡视指导时有针对性地组织学生间互助，同时观察学生操作，尤其对动手能力弱的学生，及时给予评价指导。练习一段时间后，对操作认真、技术要领掌握好的学生进行表扬，还请具有代表性的学生到台前演示焊接操作。

学生在实际操作中自然会产生焊点质量问题，对此，教师适时公布了焊接的质量标准后，提出问题："点锡焊接时，怎样使焊点达到质量要求？"学生可依据焊接的质量标准检测所焊焊点的质量，探讨如何使焊点达到质量标准。之后学生继续进行焊接练习，布置任务时要求学生最少完成10个元件的焊接，最好能焊接完成所有元件。经检查，学生们所焊的焊点质量全部合格。对焊接速度快、焊点质量好的学生，要求依据焊接质量标准并结合自己的焊接实际，用实物投影展示自己的焊接成果或找出自己的不足。而后共同分析导致焊点不合格的原因，寻求解决办法。学生可以交换作品，进行互评。

在点锡焊接练习中，除教师进行个别指导外，还可将学生每4人分为一组，使动手能力强的学生去帮助、指导动手能力较差的学生。这样，既突出了学生的个性发展，又发挥了学生的潜能，使每一位学生都积极动手，从而关注每一位学生的发展。

在最后小结时，可以提出思考题："怎样对不合格的焊点进行修整"，为以后的课程做准备。

（2）评析

在"良好"的基础上，在评价方式上采用了学生进行自评和交换作品进行互评，并进行了讨论，可使学生学会正确地评价自己和他人的作品。评价手段更加多样化，促进了学生之间的交流。将学生每4人分为一组，让动手能力强的学生帮助动手能力差的学生的生生交流，增强了同学之间的友谊。思考题的设计目的在于本课的结束并不是问题的终结，而是预示着一个新问题的开始，既能引发学生思考，又对以后教学起到了导向作用。

四、技能训练

教学评价的原则包括：

1. 导向性原则

评价活动要坚持正确的导向，鼓励教师与学生往正确的方向努力，而不是误导师生的教学活动，例如使教学活动工具化、功利化、非人化。所以，评价指标和标准的制定、评价手段和方法的选择都要有利于引导学生主动、全面、持续的发展。

2. 科学性原则

教学评价目标的确立、评价指标和标准的设置、评价方案的编制，都要从实际出发，要能反映出教学的客观规律，而不是用个人喜好、长官意志、经验主义或者经济利益代替客观依据和科学方法。

3. 公正性原则

在当前，教学评价不只是发挥发展性、教育性功能，它还要发挥鉴别、证明、选拔等功能，因此，教学评价的结果牵涉到学生的利益，有时甚至会对学生的一辈子产生影响，因此，评价者切忌存有私心杂念，而是保证教学评价客观、公正、合理，让被评价者口服心服，从而真正发挥教育性的功能。

4. 建构性原则

美国教育评价专家古巴和林肯指出，把评价对象及其他一切相关人员都排除在外，容易在评价者与被评价者之间形成紧张对立的情绪，评价工作难以做到公正、准确。他们认为，"评价"在本质上是一种通过"协商"而形成的"心理建构"过程。他们把评价视为所有参与评价活动的人，特别是评价者与被评价对象双方交互作用、共同建构统一观点的过程，评价结果也是交互作用的产物，提倡在教育评价中形成"全面参与"的意识和气氛，所有参与评价者都是平等、合作的伙伴。

5. 以学为本原则

教师的教归根到底是为学服务的，因此，衡量教学质量的根本标准是学生学得怎样，即学生的学习是否主动、是否有效、是否有意义。

6. 多元化原则

如果教学评价的目的是促进学生的发展，而不是对学生进行甄选和辨别，那么就不能只用一种评价主体、一种评价标准、一种评价手段来评价不同的学生，而是要在尊重学生差异的基础上，用多种评价主体的不同眼光，用适合不同学生需要的多元评价标准，用多种手段收集的学生的充分信息来评价不同的学生，让每个人得到全面、公正的评价，让每个人的长处都能得到发现、肯定和发展。

7. 教育性原则

教学评价应该着眼于未来，不是简单地停留在评定学生的学习结果上，而是要更进一步，为学生的未来发展指明方向，为学生的未来发展提供动力和良好的建议。

▶▶ **活动四　能力训练**

请根据高中通用技术苏教版必修模块《技术与设计1》中第一章《走进技术世界》的第二节"技术的性质"中的第二课时或根据初中劳动技术北京出版社《木工设计与制作技术》的第二单元《设计与制作》的第二部分"打造个性空间——卡片盒"为例，进行下列练习：

①学生情况分析：

_____

_____

_____

_____

②该章节的主要教学内容：

_____

_____

_____

_____

③该章节的教学目标：

_____

_____

④根据上面的学情分析、教学内容和教学目标确定评价方法。_____

_____

_____

⑤分析学生情况、教学内容、教学目标与评价方法的关系（为什么采用这种评价）。

_____

_____

_____

五、考核反思（见表9-2）

表9-2　《检核标准》中关于"科学选择评价方法"能力要点的评价标准

评价要素	评价指标			权重
	合格（6分）	良好（7~8分）	优秀（9~10分）	
激励与教育	采用激励性的评价方法并且符合教学内容和学生情况	在进行学生的学习过程评价时采用观察、提问和追问等多种方式	评价方法全面并且具有系统性	0.5
导向与反馈	根据因材施教的原则选择不同难度的题目布置任务或练习	能够编制不同难度的任务或练习，灵活设置不同的完成方式	评价主体体现多元化，评价方式体现多样化	0.5

▶▶ 活动五　评价交流

1. 把自己在活动四中设计的评价方法，与小组成员进行交流，比较小组中其他成员的评价方法

①您选择的评价方法比他们的更有激励性吗？_____

_____

②您对学生学习过程的评价方式比他们的更适用吗？_____

_____

③他们编制的题目或作业哪些您可以借鉴？_____

_____

_____

④您采用的评价方式，评价主体需要多元化吗？评价方式是多样性的吗？_____

_____

_____

⑤您采用的评价学生学习状况的方法是系统的吗？_____

_____

_____

2. 自我评价

参考评价标准，自己评价一下已达到的水平，并填在表9-3中。

表9-3　自评评价表

评价要素	评价指标			权重
	合格	良好	优秀	
激励与教育				0.5
导向与反馈				0.5
在表中填上自己的分数，考虑权重，总得分是：				

3. 小组评价（见表9-4）

表9-4　小组评价表

评价要素	评价指标			权重
	合格	良好	优秀	
激励与教育				0.5
导向与反馈				0.5
在表中填上组内成员给您的分数，考虑权重，总得分是：				

4. 听取大家的建议后，您认为自己

尚有欠缺的方面是：_____

_____

_____

分析原因：_____

_____

_____

改进措施是：_____

_____

_____

_____

_____

六、填写日志

填写培训日志：通过今天的学习，您有什么收获和想法，请填写在表 9-5 的培训日志中。

表 9-5　培训日志

课　次		学习内容	
主讲教师		上课地点	
本课程您最关注的问题：			
本课程您的感受是：			

阅读资料

一、课堂教学评价

综观各种文献，国内学者对"课堂教学评价"的理解多种多样，如：

①"课堂教学评价就是以教学目标为依据，对课堂教学设计、施教、教学效果给予价值性的判断，以提供反馈信息，使教师进一步明确教学目标，了解自己的教学策略和方法。"

② "课堂教学评价是依据现代教育评价理论，采用科学的评价方法，按照规范化评价程序，对课堂教学活动的状态和价值所进行的判断。"

③ "课堂教学评价是对课堂效果的评价，以及对课堂教学过程各要素作用的分析和评价。"

④ "课堂教学评价亦称评课，就是对照课堂教学目标，对教师和学生在课堂教学中的活动及由这些活动所引起的变化进行价值判断。"

概括起来，主要有两种观点：一是认为课堂教学评价是评价者对教师与学生在课堂教学中进行的教与学活动进行价值判断的过程。二是认为课堂教学评价是一项不断发现价值、判断价值和提升价值的活动。

本书将课堂教学评价界定为："评价主体依据教育目标，运用科学方法，收集评价信息，并按照一定价值标准，对课堂教学中教与学诸因素及其发展变化和教学效果进行的一种价值判断活动，从而为促进学生和教师的发展，为学校加强管理提供依据的过程。其目的是提供反馈信息，改进中学教学，提高课堂教学质量；也是发现课堂教学新价值并通过诊断来不断提升课堂教学价值的过程。"

课堂教学评价是完整的教学过程不可分割的重要组成部分，根本目的就是促进学生发展、教师提高和改进课堂教学实践。

二、终结性评价

教育评价就其评价的目的不同，通常分为"诊断性评价""形成性评价"和"终结性评价"三种类型。其中"形成性评价"和"终结性评价"这两个概念是由斯里克文在1967年所著的《评价方法论》中首先提出的。终结性评价，也称总结性评价，它是指在某项教育活动告一段落时，对最终成果做出价值判断。也就是以预先设定的教育目标为基准，对评价对象达成的程度及最终取得的成就或成绩进行评价，为各级决策人员提供参考依据。终结性评价的次数比较少，一般是在学期或学年结束进行。期中、期末考查或考试以及毕业会考等都属于此类。终结性评价的内容范围较广，概括性水平较高，可以发挥多种作用。

通用技术课程是以"模块"为课程的基本单位，学生的学习不再是连续式的，而是间歇式的。因此，传统的考试评价模式，即"教学—期中考—教学—期末考—教学—学年考—教学—毕业考"已不再适用了。在新课程背景下，新的终结性评价体系应该是一种分层式的学业成绩评价框架。即两种不同的评价水平、两种不同的评价方式。其中在实施评价水平的层次上，第一层次是基于模块的学业成绩的评价，目的在于检查学生在通用技术课程模块的学习所达到的水平。第二层次是对学生毕业成绩的水平评价，这是对学生在高中阶段所学的通用技术课程知识、所掌握的技能及情感态度和价值观等方面进行定性和定量的评价，包括必修和选修，进行一次全面的检测。这两个层次的评价既是相对独立的，又有一定的相关性，二者均属于终结性评价。由于通用技术课程终结性评价的研究还在起步阶段，本研究只针对第二层次的评价以及高中通用技术课程两个必修模块进行，并不涉及第一层次的评价和选修模块的终结性评价。

三、课堂教学多元化评价

课堂教学多元化评价的含义是指在对课堂教学中教与学诸因素及其发展变化和教学效果进行价值判断的活动中，注意评价主体、评价内容、评价指标、评价范式、评价视角、评价功能等的多元化。其目的是通过多元化评价，有效地促进学生的发展，激励教师进取，提高教学质量，完善学校教学管理，以推动教育事业的蓬勃发展。

课堂教学评价与教育评价、教学评价、教师评价等有所不同。

①教育评价是指根据一定的目的，运用科学的技术和方法，对教育现象及其效果进行价值判断的活动。

②教学评价是指依据一定的教学目标和教学规范标准，用一定的方法对教学过程和教学目标的实现程度等做出价值判断的过程。

③教师评价是根据学校的教育目标和教师所应承担的任务，按照规定的程序，运用科学的方法，对教师的工作进行价值的判断，从而为教师改进工作，为学校领导加强和改进教师队伍的管理与建设进行决策提供依据的过程。

四、教学评价的过程

①明确教学评价的问题。好的评价往往从正确的提问开始。教学目标在多大程度上符合社会和学生的需要？教学结果在多大程度上实现了既定的目标？学生应该掌握什么？学生已经掌握的东西在多大程度上是有价值的？哪些方面应该坚持？哪些方面应该改进？我们接下去应该做什么？

②明确教学评价的目的。在评价之前，评价者应该明确教学评价的目的，以便设计有针对性、有效果的评价方案，采用相应的评价方法。比如：如果评价的目的是检查学生对知识和技能的掌握情况，就可以采用绝对评价法；如果评价的目的是选拔学生，那么，相对评价法就比较适用；如果评价的目的是让学生了解自己的进步情况，就可以采用个体内差异评价法。

③确立教学评价的指标和标准。根据教学目标确定评价的范围，列出评价指标，制定评价的标准。评价指标体系应具有导向性、科学性、可行性。所谓的导向性，是指评价指标体系体现正确的教学观、人才观和质量观。科学性是指评价指标体系恰当，是可以被测量和评价的。可行性是指评价指标体系符合实际，符合不同利益团体的需要，低成本、高效率。

④收集信息。根据教学评价的任务，围绕所确定的评价指标体系确定、收集那些能够回答评价问题的信息。有些不在评价指标范围之内，但是很有价值的信息也应该收集

起来备用。根据所要求的数据性质、类型等来确定收集信息的方法，既可以运用定量的方法，如通过问卷、测验来收集数据，又可以用定性的方法，如通过访谈、阅读学生的档案袋来收集数据，很多时候要综合运用这两种方法，使获得的信息全面、细致、深入。

⑤分析信息。评价者选择与运用恰当的分析技术，对收集到的信息进行分析，对被评价者所取得的成就和所存在的问题做出实事求是的描述。对实际完成的任务与预期的任务进行比较，看看哪些完成了，哪些没有完成，原因是什么。在这个阶段，根据实际情况，可以邀请被评价者分享信息、分析信息，既向被评价者反馈了信息，也表明了对被评价者的充分信任，与被评价者建立了良好关系。

⑥反馈信息。评价者将收集和处理的信息反馈给被评价者。反馈是一种非常复杂的、需要讲究策略的活动，应该坚持这样一些原则：有助于澄清什么是好的成就或表现，有利于学习中自我评估的发展，向学生陈述有关他们学习的高质量信息，鼓励教师和同伴围绕学习展开对话，激励积极的动机、信念和自尊，为解决现实成就与渴望获取成就的差距提供机会，为教师筹划教学提供信息。

⑦调整与改进。根据信息分析的结果，评价者和被评价者一起决定，什么是应该在今后的工作中继续坚持的，什么是必须改变的，制定科学、有意义、可行的改进方案。提供发展性评价和教育性评价非常重要，可以使教学评价的作用得到最充分的发挥。

模块 10　掌握教学评价标准

● **学习目标**

- ● 知道《检核标准》对"掌握教学评价标准"的层次要求。
- ● 了解学科课堂教学评价标准的具体内容。
- ● 可以根据教科书教学单元的主题确定单元教学目标，并依据这些具体教学目标制定教学效果评价标准。
- ● 能够根据本学科学生发展要求达到的基本能力，将不同单元（不同阶段）的教学内容进行整合编排，对学生进行专门训练和培养。

一、问题提出

▶▶ **活动一　热身**

在学过设计的一般原则后，一位老师在课上展示了一件烧水壶作品（如图 10-1 所示），观察几分钟后，请各位学生对水壶进行评价。

图 10-1　新型水壶

学生 1 评价：这个水壶我喜欢，外形设计独特，很有特色、独具匠心，打破了一般烧水壶的样子，是个好水壶。

学生 2 评价：这个水壶不好，不实用，底部呈现圆形，接触面积少，吸收热量就少。

所以说不实用，不是好水壶。

学生 3 评价：水壶外观设计独特，且有创新性，但实用效果不佳，导致能源浪费，不符合可持续发展的原则。

老师听过同学们的发言后，带同学们复习了设计的一般原则：创新原则、实用原则、经济原则、美观原则、道德原则、技术原则、可持续发展原则。之后对学生们的评价进行评价：

学生 1 在对水壶评价时，说得正确，但只提到了创新原则；学生 2 在评价时，也说得正确，但也只提到了实用原则，所以学生 1、学生 2 的评价不全面。学生 3 对水壶的评价在实用原则、创新原则、美观原则、可持续原则方面都有提到，比学生 1、学生 2 的评价较全面、具体。因此，是个相对不错的好评价。

①您怎么评价这个烧水壶？

_____

②您是否认可教师对学生的评价？ 如果让您评价学生 1、学生 2、学生 3 对水壶的评价结果，您怎么进行评价？

_____

▶▶ 活动二　前测

请根据高中通用技术苏教版必修模块《技术与设计 1》中第一章《走进技术世界》的第二节"技术的性质"进行一次说课活动，或根据初中劳动技术北京出版社的《木工设计与制作》的第一单元《技术准备》的第二部分《工具与操作技术》中的"直线锯割"为例，准备、并进行一次说课活动。

①您从哪几个环节对本课题进行说课？ _____

_____

②以小组为单位，推荐一人进行 15 分钟的说课活动，同时进行小组评课：
小组评课内容：_____

_____

③以小组为单位，进行评价总结，概括出课堂教学评价的内容。

_____

_____

教学评价标准是指一种结构化的定性与定量相结合的评价技术，即量规。它主要指向教师教学效果的评价。本标准中特别关注的是课堂教学评价标准，即根据课堂教学中教师教学和学生学习的若干要素，设定一系列等级标准，用量化方式评价教师的课堂教学效果。新课程改革要求确立其课堂教学评价标准的多维度、多层次评价体系，要求教师相应明确其维度和层次的基本内容。课堂教学评价标准应综合体现教师、学生和师生互动等维度。教师维度主要体现在教师把握各种非智力因素，创设融洽、亲近的教学气氛的能力上——亲和度；同时也体现在教师对教学文本、教学手段的纯熟驾驭程度和对教学对象的认知、驾驭程度上——整合度。学生维度体现在学生自主学习能动性的高低上，是学生课堂思维活跃程度的写照——参与度；同时也体现在学生课堂实践操作的环节设计上——练习度。师生互动维度体现在师生共同创造民主、和睦、融洽、自由的学习氛围的能力——自由度；也体现师生在知识流动发展渠道（课上课下的时空延伸和学习探究方法的择取）方面的互为拓展上——拓展度。

二、标准解读（见表 10-1）

表 10-1　《检核标准》中关于"掌握教学评价标准"能力要点的检核标准

能力要点	合格	良好	优秀
掌握教学评价标准	能够了解课堂评价标准的具体内容，并能结合实例进行解释	能够确定教科书呈现的自然单元教学效果评价标准	能够确定学生某种能力发展单元的教学效果评价标准

三、名词解释

1. 教科书自然单元

教科书自然单元是指以学科课程标准为依据编写而成的教科书中呈现的不同主题单元（专题）。这些主题的教学内容各有侧重，但又相互联系，共同构成了一册教科书的总体框架及主要内容。每个主题单元相对独立，是一个富有内在逻辑关系的、系统性的整体。这就需要教师以课标为依据，明确教科书中的每个单元主题，并在具体教学过程中从设计、实施、反思等各个环节上都能够有意识地将单元主题一以贯之，真正将单元主题内化为自己每个课时教学的核心指向。

2. 学生能力发展单元

学生能力发展单元是教师以训练和提高学生专项学习能力为目的，将教学内容重新编排、组合而成的教学单元。这既可以是一个阶段内（教科书一个单元内或几个单元之间）专项能力内容的打通编排，也可以是较长的时间段（一个学期、一个学年、整个学段等）专项学习能力内容的组合。

3.教学效果评价

"教学"是指教师传授和学生学习的共同活动。"效果"是指由行为产生的有效结果。因此"教学效果"应该是指教师的传授行为对学生学习产生的有效结果，教学效果评价是以课堂教学效果为评价对象进行判断的过程。课堂教学效果指教师根据教学大纲和教材，通过课堂教学向学生传授知识、技能；培养学生智力、能力及进行思想教育所取得的效果与成绩，表现为学生的学习效果。评价课堂教学成绩，要根据不同学科的特点，从学生的实际出发制定不同的评价指标和评价标准。

▶▶ **活动三 讨论与交流**

根据活动二的说、评课活动，在小组内进行讨论并完成以下内容：

①归纳活动二前测中大家提出的教学效果评价内容有哪些？

_____

_____

_____

_____

②根据课堂教学效果评价内容，其对应的评价标准应是什么？

_____

_____

_____

_____

_____

③组长牵头，与其他组进行交流，看看有哪些值得借鉴的。

_____

_____

_____

_____

_____

_____

_____

④你们组的课堂教学效果评价内容与对应的评价标准做了什么修改？

_____

_____

_____

_____

_____

_____

_____

_____

案例分析

案例1

通用技术

江苏教育出版社《技术与设计2》第四单元第二节"控制系统的工作过程与方式"中关于控制系统的工作过程与方式说课稿。

教学背景

教学内容：本节课是苏教版《技术与设计2》第四单元《控制与设计》第二节的内容。本节课的教学内容是"控制系统的工作过程与方式"。本节课是在学生已对控制和控制系统有了基本认识的基础上，对控制做更进一步的探究，从而对控制有更进一步的理解，为下一节进一步分析闭环控制系统的干扰与反馈和控制系统的设计与实施打下相关的知识基础。

学生情况：学生已经了解到了什么是控制和控制系统，对生活中的控制现象和控制系统也有了直观的了解，但对于控制系统的分类和工作过程的分析方法是十分陌生的。学生对于理论的学习兴趣不是很高，更乐于动手。

教学目标与方法

教学目标

知识与技能：

1.熟悉简单的开环与闭环控制系统的基本组成和简单的工作过程。

2.能画出简单的开环与闭环控制系统的方框图，理解其中控制器、执行器的作用。

过程与方法：

通过对开环与闭环控制系统典型案例的分析，掌握对于一个简单控制系统工作过程的分析方法。

情感态度与价值观：

进一步体会控制的思想方法在现实生活中的应用，发展良好的思维品质。

教学重点和难点：

重点：开环控制系统与闭环控制系统的工作过程及方框图。

教学重点确定的依据：课标对该知识点有明确的要求，另外该部分内容理论性较强，学生对于这种分析方法十分陌生，同时又是后面控制系统的设计与实施必要的知识基础，因此，开环控制系统与闭环控制系统的工作过程及方框图是本节课的重点内容。

难点：对生活中简单的开环控制系统与闭环控制系统的判别及工作过程的分析。

教学难点确定的依据：开环与闭环在应用判别的过程中有一个关键点，而这个关键点学生不容易抓住或消化吸收，从而会导致对整个控制系统的分析判断错误。

教学手段与方法：

教学手段：应用机器人完成简单任务进行体验并归纳提升。

教学方法：学生实践体验与教师归纳讲授相结合。

教学过程

一、实践引入

介绍小车的使用方法，提出实践任务1：运行小车的1号程序，让小车动起来。并提问：小车动起来的关键装置是什么？本环节的设计目的是让学生对小车这一控制系统具有感官的认识，从而引出控制器与执行器的概念。

体验、学习新知

体验开环控制系统

提出问题：如何让小车从这条黑线出发遇到前面的黑线停下？

通过这个问题，让学生思考，自己想解决问题的方法，学生很自然地就会想到可以通过给小车设定时间来达到这种控制目的，从而引出了开环控制。

提出实践任务2：测量本组的小车完成上面任务所需要的时间。

完成后，教师让部分小组的学生演示效果。在演示过程中，由于小车行驶路线的变化或测量的时间不够准确等各种原因，有的小组完成的任务可能会有偏差，会为引出闭环控制埋下伏笔。

体验完成后，教师引导学生归纳这个控制系统的工作过程：

然后，从这个控制系统归纳出这个开环控制系统的方框图：

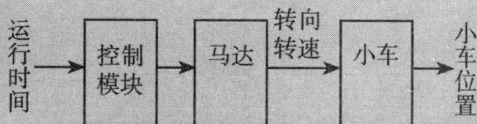

运行时间 → 控制模块 → 马达 →(转向 转速)→ 小车 → 小车位置

这个环节的目的是使学生了解什么是方框图，以及方框图各个部分的表示方法。
体验闭环控制系统。

二、教师演示

1.将上面改好的运行时间程序传给另外一辆小车，演示效果

2.改变起始位置，运行给定时间的程序，观察效果

提问：怎样改进这个控制系统才能够让小车不受路线长短的限制而能够到指定的位置准确地停止呢？

这个环节的设计目的一方面可以让学生想办法解决这个问题，从而自然地引出闭环控制；另外一方面通过这种同一个任务开环所具有的不足，为下一节的教学内容中开环与闭环系统的比较打好知识基础。

对于这个问题有些学生是可以想出通过检测地面黑线使小车能够准确地停止的办法的。教师适时引出应用光电传感器进行检测的原理，并指导学生安装的方法。

学生体验实践任务3：应用光电传感器，运行程序2，观察体验。

提问：这种工作过程是否和时间控制过程相同呢？

学生通过对这个问题的思考引出这个小车采用闭环系统的工作过程方框图。

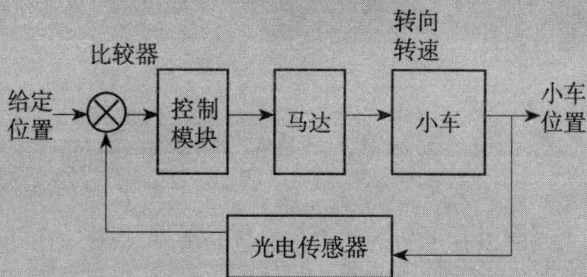

给定位置 → 比较器 → 控制模块 → 马达 →(转向 转速)→ 小车 → 小车位置；光电传感器反馈

通过把小车的开环与闭环控制系统的方框图推广到一般的控制系统，归纳出开环与闭环控制系统的方框图并给出定义：

输入量→ 控制器 → 执行器 → 控制量 → 被控对象 → 输出量

比较器　　　　　　　控制量
给定量→⊗→ 控制器 → 执行器 → 被控对象 → 被控量
　　　　　　　　　　　　　　　　　　检测装置

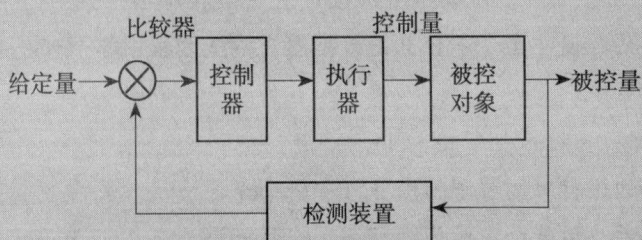

重点突破的方法：在新课教学中通过这样一个三级的提升过程，使学生将实践任务逐步提升归纳出了开环与闭环控制系统的工作过程和方框图，拉近了实践与理论的距离，降低了学生理解的难度。

三、应用练习，加深认识

教师引导学生归纳出开环与闭环控制系统的工作过程方框图后，学生只是有了一个基本的理解，在实践应用中还存在一定的难度，尤其是对开环控制系统与闭环控制系统区别的关键点："闭环控制系统中输出量返回到输入端并对控制过程产生影响"，还没有深刻的理解，因此在这个环节中设计了两个练习：冰箱的温控系统和地铁的变频控制系统。给出的顺序是先闭环后开环，原因是这个闭环的判别相对容易，通过这个练习学生进一步巩固练习画出一个闭环系统的方框图，而地铁的变频控制系统这个开环的案例如果学生没有深刻理解开环与闭环判别的关键点很容易被误判成闭环。通过这样的一个练习来突破难点，给学生留下深刻的印象。

四、归纳小结

放映开环与闭环工作系统的方框图，归纳本节课的主要内容。并引导学生回去观察并分析身边的控制系统的工作过程。使学生能够体会这种控制的思想在生活中的运用是很普遍的，从而使学生能够以技术的眼光看待身边的各种设计。

教学反思与创新说明

本单元《控制与设计》是本册教材的一个难点，而本节课的内容又是本单元的一个重点和难点，理论性较强。因此在教学中选择恰当的载体帮助学生理解是非常重要的。如果仅采用教师演示模型，学生还是处于一种被动的接受状态。在本节课中采用了机器人这一载体，主要考虑到了以下几个方面：

一是让学生以自己想办法完成任务的形式进行，教师再进行理论提升，这种模式拉近了理论与学生的距离，降低了难度。

二是这种实践体验与教师讲解相结合的形式更能够提高学生的学习兴趣。另外，通用技术课程也强调学生的技术探究。

三是在通用技术课堂中应该向学生展现当今科技发展的新成果和先进文化，在本堂课中应用机器人这一载体，使学生打破了对机器人这一当今先进科技成果的神秘感，增加了学习先进技术的信心。

1. 合格

（1）示例

本节课教师能够正确分析教材内容，在了解学生学习本课的原有的知识基础上，又了解了什么是控制、控制系统，对生活中的控制现象和控制系统也有了直观的了解。三维目标制定明确。教学环节设计合理，时间安排得当。用学生的体验引入教学，能很好地激发学生的兴趣。教学过程中用实践的方式突出了教学重点，用对比的方式突破了难点，又引导学生明晰了知识要点，能够完成课时教学任务。媒体运用恰当，语言流畅，表述科学。

（2）评析

从本案例中可以看出评价者有着一定的教学功底，比较熟悉教材，评价中有着自己对课程的逻辑评价观点。评价者注意到了对教材内容、学情的分析。在教学过程设计的评价中注意到引入环节的评价，教学重、难点内容的评价。在教学实施过程中，提到了教师的授课语言等能力。评价只针对本节课实施中所发生的现象进行，该评价为合格层次。

2. 良好

（1）示例

该教师能够正确、透彻地分析教材，在教材分析过程中能够站在单元教学的角度分析本节课与知识体系的前后联系，以及教材所处的地位，正确分析学生的原有基础：对现有的学习困难分析准确，但对控制系统的分类和工作过程的分析方法是十分陌生的；学生对于理论的学习兴趣不是很高。体现了教师是依据学情制定的教学目标。

该教师能够创设与生活相关的教学情境，教学流程的设计中突出了教学重难点，能够为实现教学目标的有效性设计教学活动，特别是学生能参与到教学实践中，时间安排合理。教学活动的设计有利于学生对知识的理解，能适时引导学生明晰知识的内在联系与规律，进行有效总结、提升。教学媒体的应用有效，板书设计合理。该教师的语言流畅、精练，表述科学，有个性、有特色。

（2）评析

该评价者能够站在单元教学的角度分析本节课，对本节课的评价有着一定的系统，在教材分析中，评价教师能够以控制与设计单元教学的效果进行评价，体现了评价教师对教材的整体结构和知识框架非常了解，对学生学情、目标的制定评价准确。教学重难点的确立评价准确。更能够准确评价教师对知识前后联系与规律的理解。评价有条理、逻辑清楚。该评价教师对课程评价从知识体系的角度、学生认知、理解的角度进行评价，有着自己的看法，该教师的基本功扎实，教学评价达到良好级别。

3.优秀

（1）示例

在教材学情分析中，该教师能够正确地分析教材内容，能够明确知识体系的前后联系，教材所处地位及处理方法明确，依据充分；能够准确分析学生学习本课程的原有基础和现有困难，对策清晰；该教师能够依据学情、教材，制定贴近学生的教学目标，依据充分；学生学习任务明确，方法可行。学科特点体现突出。

在教学过程设计中，该教师能够创设与生活相关的情境，实践活动的引入能够激发学生学习兴趣；教师以学生的学习活动为中心设计的教学流程突出重点，化解难点，能够围绕教学目标有效设计教学活动，让学生充分利用教学活动理解巩固所学知识，同时注重培养学生的思考能力。时间安排合理、有效；教师在学习活动的设计上能够体现自主、合作、探究、开放等原则，有助于学生学习能力的提高；该教师关注个性差异，针对不同类型的知识点选取不同的方法；教学氛围民主、和谐；教师能适时引导学生明晰知识的内在联系与规律，有效总结、评价。教学媒体的应用实用、有效，板书设计合理。

在教学实施过程中，教师语言流畅，精练，诙谐，表述科学，体现了学科特点。有个性，有特色，体现了教师的个人风采。

（2）评析

本案例在评价教师时，评价内容体系分为三个部分：教材学情评价、教学过程设计评价和教师过程实施评价，不但梳理出了教学评价标准的基本内容，更是对这节设计课进行了非常细致的、提纲挈领式的评价。更加可贵的是，这位教师在评价时，关注课前的准备内容，而且评价的重点落到是否以学生为中心的教学上，评价中体现了对学生能力培养的关注。这才是一个非常好的评价过程，可见该评价教师的教学基本功深厚，有着自己独到的见解，关注学生能力发展达到优秀的境界。

案例2

劳动技术

以北京出版社的《劳动技术——木工设计与制作》第二单元中的第二部分《创设文明学习环境》中的"置物架设计与制作"的第一课时的说课稿为例：

《设计置物架》说课稿

指导思想与理论依据

中学阶段，学生要能够独立或与他人协作完成与课程相关的问题。因此，培养学生从需要出发，发现问题、提出问题、分析问题、解决问题、自主探究的能力。

在教学策略上依据建构主义理论，在教师的引导和创设的情境下使学生能触景生情，主动地探究和建构知识。

教学背景说明

教学内容分析

1.本课时功能：通过本节课程学习，以美化班级为切入点，以置物架为载体，培养学生设计制作的思路，希望他们通过设计与制作活动，产生对木工的学习兴趣，激发他们的学习动机，让学生享受木工设计与制作的快乐。

2.分析在教材中的位置：本课程隶属教科书中的第二单元《设计与制作》中的第二部分"创设文明学习环境"，章节主要目的是实现设计过程与制作过程，并把设计和制作有机地结合到一起。

3.分析在本单元的位置：本课程是"创设文明学习环境"中的最后一个作品，本节课程的目的是巩固设计思路、强化制作过程。

学生情况分析

1.学习者的起点水平：学生已经能够熟练地运用木工基本技术，并且已经学习了"设计过程"与"制作过程"。他们在之前已经制作了一些简单的木工作品，有着一定的木工基础。

2.本学龄段的一般心理特征：学生社会经验较少，且很少主动去完成一些团体合作的设计与制作活动。但是在鼓励和激励运用得当的情况下，大部分学生能够有所突破，主动去实践或是去探究。

3.学习动机和学习态度：学生在以往的课堂中能够大胆主动去制作与创新，回答问题积极踊跃，对制作的活动比较有热情，说明他们比较喜欢本课程，学习动机强烈，这一点对课程的实施非常有利。

教学方法：小组活动

教学资源：纸、笔、分组音乐、评价表、活动资料等

教学环境：多媒体展台

教学目标说明

知识与技能：

1.知道设计置物架要考虑的相关因素。

2.能够绘制置物架草图。

过程与方法：

经历小组讨论过程，培养学生合作观念和归纳总结问题的能力，探索置物架设计时

应考虑的相关因素，完成实践验证，绘制置物架草图。

情感态度价值观：

1.经历游戏环节，培养学生之间的友情，促进班级和谐发展，增强班级凝聚力。

2.经历设计置物架、绘制置物架草图，体验劳动中有快乐，快乐中有劳动。

3.通过学生为班级设计置物架，创设文明学习环境，培养学生爱班情怀。

教学重难点说明

重点：

置物架设计思路形成。

置物架的草图绘制。

难点：

置物架设计思路形成。

置物架的草图绘制。

教学过程说明

一、情景创设

1.展示教室不使用置物架与使用置物架的环境效果组图，创造反差效果。

2.引出制作"置物架"的主题。

本阶段设计意图：

1.学生感受教室图片前后反差对比，心灵受到冲击，产生设计与制作的兴趣与欲望。

2.通过对比，引导学生的爱班情怀，因此教师可以顺理成章地引出课程主题。

二、收集资料

1.展示一些有实用结构外形、创意特点的置物架。

2.复习设计过程。

收集信息—产生创意—表达方式—草图与制作说明—完成设计。

本阶段设计意图：

1.拓展学生视野，拓宽学生的设计思路。

2.强调设计过程，收集设计信息。

三、游戏分组

步骤1：在音乐中，教师随机报数，同学根据教师报出的数字，进行随机分组。

步骤2：为了教学分组需要，教师报出便于课堂分组的数字。

本阶段设计意图：

1.在游戏中进行分组，学生兴趣高涨，课堂气氛轻松，能够促进班级学生和谐相处，增强班级凝聚力。

2.自由分组为每个学生创造锻炼、成长的机会。

四、分析讨论

步骤 1：确定本组置物架主题、位置，以及要考虑的因素。

步骤 2：介绍本小组的讨论结果。

步骤 3：用鱼骨分析法进行讨论，总结归纳相同因素。

本阶段设计意图：

1. 通过小组讨论，探讨置物架设计考虑的因素，培养小组内的和谐团队精神与执行能力。

2. 培养学生总结归纳以及语言表达的能力，培养学生的领导能力、处事能力。

3. 采用鱼骨分析法，对讨论内容总结与归纳，总结置物架设计要素，从而提出本节课的教学重点。

五、分享交流

教师分析学生最后总结的内容，以此阐释设计要素：实用性、结构、外形、创意。并用分析表格的形式进行解读。

本阶段设计意图：

突出教学重点，引发教学难点。

置物架设计分析表（略）。

六、实践活动

根据总结的内容绘制置物架草图。

本阶段设计意图：

突破教学重难点。学中做、做中学，引导学生的爱班情怀，体验劳动中的乐趣。

七、效果评价

教师组织学生进行评价活动。

本阶段设计意图：

取长补短，再次强调教学重点，突破教学难点。

八、归纳总结

以小组为单位，讨论本节课的优点或收获、本节课的缺点或不足。

本阶段设计意图：

培养学生总结归纳、表达能力和增强学生的责任意识。

九、作业

1. 小组成员修改、完善草图，下节课准备绘制制作图。

2. 收集生活中废弃的木材，为制作置物架做准备。

学习效果评价说明

评价方式：

1.教师师评：在效果评价阶段，教师根据学生绘制的草图特点进行评价。

2.自评与他评：小组代表展示本小组草图，每组评委以评分的方式，进行小组之间的自评与他评。

教学反思与创新说明

1.把爱班的德育教育引入课程中，学生设计制作以德育渗透为主线，不仅完成了设计，更是一节很好的德育学习课程。

2.学生喜爱这种组织形式多样的课堂。学生在活动中学到了课程知识，并且激发了他们对木工课程的学习兴趣与学习的动机。

3.在鱼骨分析活动中，每组都提到了相同的要素内容，说明学生们参与到了教师设计的活动中。学生在游戏中得到了快乐，更在游戏中学到了课程知识。这超出了我的预期。因此，在教学环节和教学方式上下功夫是非常值得思考的问题。

1.合格

（1）示例

本节课教师能够正确分析教材内容，了解学生学习本课的原有的知识基础，制定目标明确。教学环节明确，时间安排合理，引入环节有效。教学环节突出了教学重点、难点。引导学生明晰知识要点，能够完成课时教学任务。媒体运用合理，语言流畅，表述科学。

（2）评析

从本案例中可以看出评价者有着一定的教学功底，评价中有着自己对授课过程的评价观点。在对该教师的评价中，评价者关注教材学情分析，对学生原有知识有了解。在教学过程设计评价中，评价者提及了教学环节、时间设置、教学重难等基本评价内容。在教学实施过程中，评价者提到教师的授课语言等实施过程评价。评价者对教学评价标准基本熟悉，因此，该评价者的评价为合格层次。

2.良好

（1）示例

该教师能够正确、透彻地分析教材，能够分析出这些课程知识体系的前后联系和教材所处地位与处理方法；能够正确分析学生的原有基础，对现有的困难分析准确；该教师能够依据学情、教材制定教学目标。

该教师能够创设与生活相关的教学情境；教学流程的设计中突出了教学重难点，能够为教学目标的有效设计教学活动，时间安排合理；教学活动的设计有利于学生学习能力的提高；适时引导学生明晰知识的内在联系与规律，有效总结、评价；教学媒体的应用实用、有效，板书设计合理。该教师的语言流畅、精练，表述科学，有个性、有特色。

（2）评析

该评价者对本节课的评价有着一定的评价系统，在做到合格的层次之外，评价者在教材学情分析中，能够对授课教师的教科书呈现的自然单元教学效果进行评价，体现在教材框架、学生学情、目标制定等评价方面。该评价者在教学过程设计评价中，也明确评价了课程的情境创设、教学重难点等教学活动，更能够发现教师在课堂教学中所讲知识内容的联系与规律，并进行评价。评价有条理。该评价者基本功扎实，教学评价达到良好层次。

3. 优秀

（1）示例

在教材学情分析中，该教师能够正确地分析教材内容，能够明确知识体系的前后联系，教材所处地位及处理方法明确，依据充分；能够准确分析学生学习本课程的原有基础和现有困难，对策清晰；该教师能够依据学情、教材，制定贴近学生的教学目标，依据充分；学生学习任务明确，方法可行。

在教学过程设计中，该教师能够创设与生活相关的情境环境，引入环节能够激发学生的学习兴趣；教师的教学流程设计能够突出重点，化解难点，能够围绕教学目标有效设计教学活动，时间安排合理、有效；该教师对学习活动的设计能够体现自主、合作、探究、开放等原则，有助于学生学习能力的提高；该教师关注学生个性差异，针对不同类型的学生选取不同的指导方法，策略；教学情境的创设有利于学生积极、主动地学习，教学氛围民主、和谐；教师能适时引导学生明晰知识的内在联系与规律，有效总结、评价；能够根据不同层次的学生使用适当的引导策略，分层教学，课堂教学目标达成度较高；教学媒体的应用实用、有效，板书设计合理。

在教学实施过程中，教师语言流畅，精练，诙谐，表述科学，体现了学科特点；有个性，有特色，体现了教师的个人风采。

（2）评析

评价者在做到良好层次外，在评价授课者时，评价分为三个部分：教材学情评价、教学过程设计评价和教师过程实施评价，不但梳理出了教学评价标准的基本内容，更是对这节设计课程采用了非常细致的、提纲挈领式的评价。更加难能可贵的是，这位教师在评价时，不仅关注了课前的教师准备内容，而且把评价的重点落到是否以学生为中心的教学上，评价中体现了对学生能力培养的关注，这是一个非常好的评价过程，可见该评价者的教学基本功深厚，对评价标准有着深刻的理解。因此，该评价达到优秀的层次。

四、技能训练

课堂教学评价标准包括以下内容：

1. 教学目标

①符合学生的实际，要求明确、适度、具体、可操作，关注个体差异，促进不同学生的发展。教学目标的制定要符合本班学生的实际，力求达到目标明确、适度、具体、可操作。关注学生个体差异，因材施教，使不同学生在基础学力、发展学力、创造学力方面得到不同水平的发展。

②注重知识与技能、过程与方法、情感态度与价值观三维目标的有机整合。教学目标要符合新课程理念；注重知识与技能、过程与方法、情感态度与价值观三维目标的有机整合；与学生的心理特征和认知水平相适应。

2. 教学内容

①活化教材，注意教材内容的整合，为学生提供现实的、有意义的和富有挑战性的教学内容。注意教学内容的重组和整合，活化教材。教学内容与现实生活和生产劳动有机结合；学习材料充足、注重布局、条理清楚，为学生提供富有挑战性的教学内容。

②学习内容的选择和处理科学。内容的呈现有助于学生积极开展自主、合作、探究学习。

3. 教学方法

①为每个学生提供平等的学习机会，帮助学生在自主探索、动手实践和合作交流中获得发展。为每个学生提供平等参与的机会。对学生的学习活动进行有针对性的指导，及时采用积极、多样的评价方式。教师的言行有助于学生在自主探索、动手实践和合作交流中获得发展。

②创设有利于学生身心健康的学习环境，善于激趣引疑，启迪创新思维。学习环境的创设有利于学生的身心健康，教学的度、量安排合理，有利于教学目标的达成。教学手段选择恰当，能根据学习方式创设恰当的问题情景，善于激趣引疑。教师的语言准确、有激励性和启发性。

4. 教风教态

①尊重学生，教风民主，学生的回答和质疑得到鼓励，及时反馈调控，应变力强。尊重学生人格，教风民主，善于为学生提供机会，引导求异，关注差生。鼓励学生提问和质疑，具有教学智慧。能够根据反馈信息对教学过程、难度进行适当调整，合理处理临时出现的各种情况。

②教师情绪饱满、热情，教态自然，演示规范、媒体运用熟练。教态自然、亲切，语言规范、注重言传身教，教书育人。能恰当运用现代教学技术，演示规范，运用熟练。

5. 参与状态

（1）对问题情景关注，兴趣浓厚，主动投入，积极性高

学生对问题情景关注，兴趣浓厚，参与活动主动。

（2）认真阅读、讨论、观察和记录，正确使用学具或实验器材

学生能认真开展阅读、讨论，对实验或事物认真观察、记录；学具或实验器材使用正确、

操作规范，使用完毕后及时整理。

6.参与广度

（1）参与学习活动的人数多，自主活动时间充足，活动方式有效

参与学习活动的人数，人数少的班级应全体参与，其他班级应有绝大多数学生参与。根据不同课型的要求，安排足够时间开展自主活动。一般不少于整节课时间的1/2。活动方式有效，各类学生都有收获。

（2）学生能够倾听、协作、体验、探究、分享，能提出有意义的问题或发表个人见解

学生能够认真倾听老师或同伴的发言，相互间团结协作，探究问题，分享成功的喜悦；能提出有意义的问题或发表个人见解。

7.课堂氛围

（1）学生回答问题积极、主动，气氛融洽

学生主动参与的积极性高。学生的讨论和回答问题得到鼓励。学习进程张弛有度，气氛融洽。

（2）热烈、有序，师生、生生交流充分，学生参与机会均等

课堂气氛活跃、有序。师生、生生交流平等、积极、充分；每个学生参与活动机会均等。

8.学习效果

（1）多数学生完成了学习任务，学习习惯良好，有不同收获

基本实现了教学目标，多数学生能完成学习任务。学生学习习惯良好。每个学生都有不同程度的收获。

（2）多数学生体验到了学习和成功的愉悦，有进一步学习的愿望

多数学生达到了本课目标；学生体验到了学习和成功的愉悦，学生有进一步学习的愿望。

▶▶ **活动四　能力训练**
- -

观看主讲教师提供的一个实际教学录像，或参加一次实际教学观摩活动，结合活动三的教学效果评价交流，对本课进行教学效果评价。（请先看看该课的教学设计）

①教学目标的设计与达成：＿＿＿＿＿＿＿＿＿＿＿＿＿＿＿＿＿＿＿＿＿＿＿＿＿＿

＿＿＿＿＿＿＿＿＿＿＿＿＿＿＿＿＿＿＿＿＿＿＿＿＿＿＿＿＿＿＿＿＿＿＿＿＿＿

②教学内容的把握与处理：＿＿＿＿＿＿＿＿＿＿＿＿＿＿＿＿＿＿＿＿＿＿＿＿＿

＿＿＿＿＿＿＿＿＿＿＿＿＿＿＿＿＿＿＿＿＿＿＿＿＿＿＿＿＿＿＿＿＿＿＿＿＿＿

③教学方法的设计与实施：＿＿＿＿＿＿＿＿＿＿＿＿＿＿＿＿＿＿＿＿＿＿＿＿＿

＿＿＿＿＿＿＿＿＿＿＿＿＿＿＿＿＿＿＿＿＿＿＿＿＿＿＿＿＿＿＿＿＿＿＿＿＿＿

④教风教态：＿＿＿＿＿＿＿＿＿＿＿＿＿＿＿＿＿＿＿＿＿＿＿＿＿＿＿＿＿＿＿＿

＿＿＿＿＿＿＿＿＿＿＿＿＿＿＿＿＿＿＿＿＿＿＿＿＿＿＿＿＿＿＿＿＿＿＿＿＿＿

⑤参与状态：＿＿＿＿＿＿＿＿＿＿＿＿＿＿＿＿＿＿＿＿＿
＿＿＿＿＿＿＿＿＿＿＿＿＿＿＿＿＿＿＿＿＿＿＿＿＿＿＿

⑥学生参与的广度：＿＿＿＿＿＿＿＿＿＿＿＿＿＿＿＿＿＿
＿＿＿＿＿＿＿＿＿＿＿＿＿＿＿＿＿＿＿＿＿＿＿＿＿＿＿

⑦课堂氛围：＿＿＿＿＿＿＿＿＿＿＿＿＿＿＿＿＿＿＿＿＿＿
＿＿＿＿＿＿＿＿＿＿＿＿＿＿＿＿＿＿＿＿＿＿＿＿＿＿＿
＿＿＿＿＿＿＿＿＿＿＿＿＿＿＿＿＿＿＿＿＿＿＿＿＿＿＿

⑧学习效果：＿＿＿＿＿＿＿＿＿＿＿＿＿＿＿＿＿＿＿＿＿＿
＿＿＿＿＿＿＿＿＿＿＿＿＿＿＿＿＿＿＿＿＿＿＿＿＿＿＿
＿＿＿＿＿＿＿＿＿＿＿＿＿＿＿＿＿＿＿＿＿＿＿＿＿＿＿

五、考核反思（见表10-2）

表10-2 《检核标准》中关于"掌握教学评价标准"能力要点的评价标准

评价要素	评价指标			权重
	合格（6分）	良好（7~8分）	优秀（9~10分）	
对教材学情分析的评价	对课时教学目标合理评价	能够结合单元知识体系对教学目标合理评价	明确结合学生能力发展的要求、对策清晰，对教学目标进行合理评价	0.2
对教学过程设计的评价	对教学环节、教学策略进行合理评价	能够结合单元知识体系对教学环节、教学策略进行合理评价	明确结合学生能力发展要求、对策清晰，对教学环节、教学策略进行合理评价	0.4
对教学过程实施的评价	对教学环节实施进行合理评价	能够结合单元知识体系，对教学环节的把控进行合理评价	明确结合学生能力发展要求、对策清晰，对教学环节驾驭进行合理评价	0.4

▶▶ 活动五 评价交流

1．针对活动四的评价，小组内进行讨论、交流，达成一个小组的评价意见

①您对该教师的教材学情分析的评价与小组评价的异同在哪里？

相同：＿＿＿＿＿＿＿＿＿＿＿＿＿＿＿＿＿＿＿＿＿＿＿＿
＿＿＿＿＿＿＿＿＿＿＿＿＿＿＿＿＿＿＿＿＿＿＿＿＿＿＿

不同：＿＿＿＿＿＿＿＿＿＿＿＿＿＿＿＿＿＿＿＿＿＿＿＿
＿＿＿＿＿＿＿＿＿＿＿＿＿＿＿＿＿＿＿＿＿＿＿＿＿＿＿

②您对该教师的教学过程设计的评价与小组评价的异同在哪里？

相同：_____

_____

不同：_____

_____

③您对该教师的教学过程实施的评价与小组的评价异同在哪里？

相同：_____

_____

不同：_____

④您对小组对该教师的评价意见有哪些保留？

_____

_____

2．自我评价

参考评价标准，填入表 10-3 自己评价一下已达到的水平。

表 10-3　自评评价表

评价要素	评价指标			权重
	合格	良好	优秀	
教材学情分析				0.2
教学过程设计				0.4
教学过程实施				0.4
在表中填上自己的分数，考虑权重，总得分是：				

3．小组评价（见表 10-4）

表 10-4　小组评价表

评价要素	评价指标			权重
	合格	良好	优秀	
教材学情分析				0.2
教学过程设计				0.4
教学过程实施				0.4
在表中填上组内成员给你的分数，考虑权重，总得分是：				

4．听取大家的建议后，你认为自己

尚有欠缺的方面是：_____

_____

_____

分析原因：＿＿＿＿＿＿＿＿＿＿＿＿＿＿＿＿＿＿＿＿＿＿＿＿＿＿＿＿＿＿＿＿＿＿＿
＿＿
＿＿
＿＿

改进措施是：＿＿＿＿＿＿＿＿＿＿＿＿＿＿＿＿＿＿＿＿＿＿＿＿＿＿＿＿＿＿＿＿＿＿＿
＿＿
＿＿
＿＿

六、填写日志

填写培训日志：通过今天的学习，您有什么收获和想法，请填写在表 10-5 的培训日志中。

表 10-5　培训日志

课　次		学习内容	
主讲教师		上课地点	
本课程您最关注的问题：			
本课程您的感受是：			

附录　北京市朝阳区教师教学基本能力检核标准

（试行稿）

2009年3月30日

《北京市朝阳区教师教学基本能力检核标准》

维度	关键表现领域	能力要点	合格	良好	优秀
教学设计能力	一、教学背景分析能力	（一）正确理解教材内容	能够分析教材所涉及的基本内容，并梳理出单元知识结构框架	能够准确描述知识的纵向与横向联系，并能将知识置于某一个知识或能力框架内进行解读	能够深入挖掘本单元知识在学生发展中的教育价值
		（二）实证分析学生情况	能够关注学生的学习基础，并分析出学生在新知识形成过程中可能遇到的困难	能够对学生的学习基础进行调研，并根据调研资料和数据分析出在新知识学习过程中可能遇到的认知困难	能够根据调研资料和数据，对学生在新知识形成过程中可能遇到的认知和情感上的困难进行理性分析
		（三）科学确定教学内容	能够根据课标要求和教材内容，确定教学重点与难点	能够根据课标要求、教材内容和学生的学习基础，确定教学重点与难点	能够根据课标要求、教材内容和学生的学习基础，整合教学内容
	二、教学目标制定能力	（四）清晰确定课时目标	能够依据教学内容和学生情况确定符合课标要求的教学目标	能够依据教材分析和学情分析确定符合课标要求的教学目标	能够依据教材分析和学情分析以及二者之间的密切联系确定符合课标要求的教学目标
		（五）科学表述三维目标	能够正确选择行为动词表述三维目标，逻辑严谨	能够恰当表述具有可操作性的三维目标	能够将三维目标进行有机整合，使其具有可测评性
	三、教学过程设计能力	（六）合理安排教学流程	能够安排符合知识逻辑的教学流程，教学重点突出，对时间安排有预设	能够安排兼顾知识逻辑和学生认知逻辑的教学流程，对时间安排的预设合理	能够安排具有开放性和生成空间的教学流程
		（七）有效设计教学活动	能够围绕教学目标设计教学活动，并能设计对教学活动完成情况的检测方案	能够围绕教学目标设计具有连贯性的教学活动，并能有针对性地设计对教学活动完成情况的检测方案	能够设计激发学生思维和情感的教学活动，并能对课堂可能生成的问题设计预案
		（八）灵活选择教学策略	能够根据教学目标和内容进行板书、提问、媒体演示和评价等教学手段的设计	能够根据教学目标和内容，利用小组合作等学习方式突出教学重点、突破教学难点	能够根据教学目标和内容，设计教学策略并灵活运用各种教学手段

《北京市朝阳区教师教学基本能力检核标准》

维　度	关　键表现领域	能力要点	合　格	良　好	优　秀
教学实施能力	一、激发动机能力	（一）营造良好学习环境	能够营造整洁有序的教学环境，并以稳定的情绪和良好的状态进行教学	能够以稳妥的方式处理课堂中的突发事件	能够将课堂突发事件转化为教育契机
		（二）有效激发学习动机	能够运用教学技能呈现设计的教学活动，并吸引学生的注意力	能够根据课堂情况呈现设计的教学活动，并能激发学生的学习兴趣	能够灵活根据课堂情况呈现设计的教学活动，有效激发学生持久的学习动机
	二、信息传递能力	（三）教学语言精练生动	教学语言表达清楚，语速、音量适中，并能用体语加强信息传递效果	能够正确运用学科术语，教学语言准确、简练	教学语言生动形象，富有感染力
		（四）板书运用熟练巧妙	板书字体端正、大小适中，有一定书写速度	板书设计有整体性，突出重难点和知识间的联系，逻辑层次清晰	板书能够使学生有美的感受，并伴随课堂教学进程有生成性
		（五）教学媒体运用恰当	能够根据教学目标和内容选择运用教学媒体	能够根据教学目标和内容合理选择并恰当运用教学媒体	能够根据教学目标和内容合理改进并综合运用教学媒体
	三、提问追问能力	（六）恰当提问有效追问	能够根据教学设计适时进行课堂提问，问题本身和表述能让学生理解，减少自问自答、是非问答、集体回答等情况	能够根据学生情况选择恰当的对象进行提问，问题精当并有一定层次性，并能根据学生回答问题的情况进行灵活有效地追问	能够根据课堂上变化的学情及时调整提问内容和方式，重视培养学生的问题意识
	四、多向互动能力	（七）教学组织方式有效	能够根据学习需要和特定学情，组织同位交流、小组合作、全班讨论等活动	组织活动时能够掌握恰当分组、有效分工、控制时间等技能	能够调动每个学生参与活动的积极性，并对活动过程中出现的问题进行恰当处理
		（八）认真倾听及时反应	能够倾听学生的想法，与学生互动；鼓励学生大胆发言，并引导学生认真倾听同学发言	能够在倾听过程中随时与发言者交流自己的理解，促进师生互动，并系统地指导同学倾听	能够把课堂发言的评价权交给全班学生并进行适当指导，有效促进生生的真正互动

《北京市朝阳区教师教学基本能力检核标准》

维度	关键表现领域	能力要点	合格	良好	优秀
教学实施能力	五、及时强化能力	（九）强化重点突破难点	能够运用重复、语言变化、板书强化教学重点	能够运用媒体、提问、体态语等多种方式，强化教学重点，突破教学难点	能够选择恰当时机，灵活运用多种手段，进行有效强化
		（十）强化学生积极表现	能够关注学生积极表现，并给予肯定	能够根据学生特点对其积极表现进行鼓励	能够通过对学生个体积极表现的强化，感染全体学生
	六、课堂调控能力	（十一）合理调控时间节奏	能够控制课堂时间和教学节奏	能够监控学生的状态对课堂时间和教学节奏进行调整	能够根据课堂上不可预知的学情，灵活调整教学设计时各环节的时间分配，并对教学内容做出取舍
		（十二）准确把握内容走向	能够按照教学设计的思路，控制课堂教学的走向	能够根据教学反馈的信息，对教学内容和进程进行调整	能够准确把握教学设计的思路，灵活处理课堂生成性问题，控制课堂教学的走向
	七、学习指导能力	（十三）关注个体分层指导	能够观察各类典型学生的反应，对边缘学生予以特别关注，并能适时对学生进行个别指导	能够了解不同学生的个性特点、学习风格和学习态度，对沉默和边缘的学生进行情感和智力支持	能够通过不同的教学方式照顾不同学生的学习基础、个性特点和学习风格，并能布置有一定层级的学习任务
		（十四）指导学法培养思维	能够在教学中渗透学习方法，培养学习习惯	能够根据教学内容指导学生的学习方法和思维方法	能够根据学科特点有效指导学生的学习方法和思维方法，提高学科素养

《北京市朝阳区教师教学基本能力检核标准》

维度	关键表现领域	能力要点	合格	良好	优秀
教学评价能力	一、学生学业评价能力	（一）掌握学业评价标准	能够结合具体的教学内容解释学业评价标准中各目标动词的含义，并能选择符合评价标准的课堂检测题	能够根据相关的学业评价标准和学生的学习情况编制用于教科书的测试卷	能够根据相应的学业评价标准独立编制学期综合测试卷，有对学生思维和情感变化的观测点和具体的观测方法
		（二）科学选择评价方法	能够根据教学内容和学生情况选择激励性的评价方法；能够选择不同难度的题目布置作业或练习	能够通过观察、追问等多种方式进行学生的学习过程评价；能够选择和编制不同难度的题目并设计不同的作业完成方式	能够从知识、思维、情感等各个方面系统评价学生的学习状况；能够确定多元化的评价主体和选择多样性的评价方式
		（三）有效利用评价结果	能够选择恰当的方法及时解决课堂练习和作业中出现的问题；能够针对学生的知识漏洞及时对学生进行个别辅导	能够根据课堂练习和作业中出现的问题调整教学进度和教学方法；能够根据学生需求为不同学生提供不同的学业指导。	能够根据学生的情绪、情感、思维状态及时调整教学进度与策略；能够根据评价结果为学生提供具有挑战性的学习任务
	二、教学效果评价能力	（四）掌握教学评价标准	能够了解课堂评价标准的具体内容，并能结合实例进行解释	能够确定教科书呈现的自然单元教学效果评价标准。	能够确定学生某种能力发展单元的教学效果评价标准
		（五）科学运用评价方式	能够有理有据地对自己或他人的教学进行评价	能够分析教师行为与学生表现之间的因果关系	能够实现评价主体的多元化和评价方式的多样性，找出导致教学成功与失败的根本原因
		（六）反思评价改进教学	能够积累反思材料，并根据自己的反思和他人的评价改进教学	能够将自己的评价意见与他人进行有效交流，并对他人提出教学改进建议	能够对分析结果进行理论提升，并对教学提出系统的改进方案

备注：良好层次的要求包含合格层次的要求；优秀层次的要求包含良好层次的要求。

后 记

    本教材在完成《通用技术、劳动技术青年教师教学基本能力标准解读与训练一》的 10 个能力要点基础上，参照了《北京市朝阳区教师教学基本能力检核标准（试行稿）》，再次选择十个能力要点作为本学科此次培训的内容。

    教材由 11 个模块组成。模块 0 是培训前的准备，主要内容是了解培训内容、要求，建立学习团队，明确学习任务；模块 1 至模块 10 分别阐述了 10 个能力要点，每一个模块由学习目标、问题提出、标准解读、案例分析、技能训练、考核反思、填写反思日志、阅读参考等栏目构成，以体现"测、读、摩、训、考"的培训过程。

    教材编写团队由朝阳区部分通用技术、劳动技术教师组成。模块 0 由王立春、姚进编写；模块 1 由杨秋静、张敏编写；模块 2 由罗培龙、林彦杰编写；模块 3 由何斌编写；模块 4 由毛红梅、李雯编写；模块 5 由沈霞、梁媛编写；模块 6 由杨磊、卞雪梅编写；模块 7 由刘春祥、袁翌鸥编写；模块 8 由张戈、李跃编写；模块 9 由郭宏春、王效莲编写；模块 10 由刘晓岩、周宏跃、张奇编写；在教材编写过程中我们参阅了相关论著、期刊、网络资料，吸纳了专家、学者们的独到见解，以期基于《朝阳区教师教学能力检核标准解读》，通过案例助解、结果指标分析等，形成十项能力要点学科层面的阐释、外显于能力要点的行为训练方法和具有学科特色的训练结果检验方式。

    由于受学科素养、教学视野所限，我们深知教材与期望还有距离，我们将在培训实施中不断修改、完善，也真诚期待广大同仁的反馈，为教材修订提供宝贵的意见。

王立春

2016 年 5 月